山の手「成城」の社会史

都市・ミドルクラス・文化

新倉貴仁
編著

青弓社

山の手「成城」の社会史——都市・ミドルクラス・文化

目次

序　章　成城という空間と生きられた近代　新倉貴仁　11

第2章　建築家が帰る場所——丹下健三と成城のまち　磯 達雄　73

第2部　都市・住宅・近代

装丁――神田昇和

序章　成城という空間と生きられた近代

新倉貴仁

1　問題の所在――生きられたモダニズム

本書は、二〇一八年十二月八日に開催された成城大学文芸学部シンポジウム「成城を住まう――都市、住宅、近代」での報告内容を書籍化したものである。この企画は、二つの問いを焦点としている。一つは、日本社会のミドルクラスと近代の歴史についての問いである。もう一つは、成城という空間とそこに住まう経験についての問いである。

二〇一八年は、第一次世界大戦終結後、百年にあたる。第一次世界大戦という量（mass）の戦争は、日本社会を大きく変容させた。急速な産業化と都市化を通じて、都市には新しいミドルクラス

（新中間層）が拡大する。彼らは、新しいライフスタイルをもつ人々の集団だった。このミドルクラスのライフスタイルの広がりを背景として、「文化」と「モダン」という言葉が流行する。「文化」と「モダン」は、いずれもかつて「新しい」ということを意味していた。だが、この「新しさ」は、いまや百年という時間を経ている。では、このような「新しさ」は、どのように生きられ、どのような社会を生み出していったのか。この歴史の内実を問い、そこに固有の経験を探ること、それが本書を貫く問題意識になっている。

一方、成城という空間は、このようなミドルクラスが住み、モダンと文化が経験されてきた場である。それはどのように生きられ、そこに住むという経験はどのように蓄積されていったのか。本書のもう一つの焦点になる問いである。東京近郊の高級住宅街としては田園調布と並び称される成城の町だが、その成立のきっかけは関東大震災後に成城学園が移転したことにある。一九二七年に小田急電鉄が開通し、戦前の東京を代表する郊外住宅地の一つが形成される。その歴史のなかで、成城の町には小説家や建築家、そして映画俳優といった「文化人」が居住してきた。また、成城の町は二つの河川・仙川と野川に挟まれた台地の上に存立し、富士山を望む「見晴らしがいい」土地である。関東大震災後、山の手に成立した成城の町がどのような「住む」ことの経験を折り重ねていったのか。本書が「社会史」と呼ぶのは、そのような「生きられた経験」の歴史と現在を問う視角のことである。

本書の第1部「住まいとしての成城」では、探偵小説、建築、映画といったそれぞれの文脈で、「住む」という営為を一つの手がかりにしながら、成城という都市空間、モダンという時代がどのように経験されたかを考察していく。第2部「都市・住宅・近代」では、これら「住む」という経験をより広い問題に位置づけて考察していく。すなわち、戦前の都市の新中間層の生活、また、同時代の建築のモダニズムと都市計画、さらに、現代の都市空間の変容と成城の町の現在という問題である。

本書は、成城という空間を舞台にして、ミドルクラスとモダニズムの歴史と現在を考えていく。サラリーをもらい、マイホームを構え、家庭を営むミドルクラスのライフスタイルは、のちに「一億総中流」と呼ばれるように、戦後の日本社会の主流となる。くわえて、このようなライフスタイルは、いまや東京や日本だけでなく、グローバルに共通する。とするならば、成城という空間は日本社会の近代化を考察するための重要な場であるだけでなく、グローバル化する現代社会の位相を考えていくうえでも、きわめて重要な地域性をもっている。

2 成城という空間

二〇一七年に創立百周年を迎えた[1]成城学園は、一九一七年、京都帝国大学の総長などを歴任した澤柳政太郎が、現在の東京都新宿区にあたる東京市牛込区原町にある成城中学校敷地内に、私立成城小学校を創設・開校したのが始まりである。「個性尊重の教育」「自然と親しむ教育」「心情の教育」「科学的研究を基とする教育」という四つの理想を掲げての船出だった。二三年の関東大震災での罹災を経て、学校の市外移転が模索される。

一九二五年、成城第二中学校が北多摩郡砧村大字喜多見に移転し、同敷地内に成城玉川小学校が併設される（二八年に牛込の成城小学校と合併）。また、同年には成城幼稚園も創設している。二六年には成城高等学校を創立・開校する。学園の移転後、当地の名称に「成城」の名が加わる。小田急線が開通した二七年に、澤柳政太郎は死去した。

成城学園の敷地の取得に奔走したのが、のちに玉川学園を作る小原國芳だった。小田急電鉄の急行停車駅を作る交渉と並行して用地の取得を進め、さらに土地を販売することを通じて学校建設の資金にした。その後も「理想的郊外住宅地」として分譲を進め、「学園都市」を作り上げていく。移り住んだ文化人のなかには、平塚らいてう、武者小路実篤、北原白秋、柳田國男といった人物がいた。特に柳田は、小田急線に乗り、新宿を経由して、有楽町にあった朝日新聞社に通勤していた。『明治大正史 世相篇』（朝日新聞社、一九三一年）を準備する時期である。第1章「横溝正史の定住と移動——探偵小説のトポロジーを考える」（内田隆三）が焦点を定める横溝正史は、戦後に成城に移り住んでいる。

雑木林と草原だった土地に道路が引かれ、定められた区画に従って住宅地が分譲される。第5章「なぜモダニズム建築にして都市計画なのか」（北山研二）で論じるように、成城の町は、計画（plan）によって生み出された都市だった。成城学園の土地の分譲にあたっては、近隣公害防止の規定を明記した契約が取り交わされた。また、成城学園の地所部は申し合わせを通知し、住宅地の周りを塀ではなく生け垣や樹木で囲うよう呼びかけた。このような開放性は「学園町としての教育的雰囲気と宅地と街路の広さとモデル住宅、それに緑の風致、閑静さ」とともに、成城が「高級住宅地」といわれるようになった要素だとされる。[2] 一九二五年に「草分会」という自治組織ができ、二八年四月には成城自治会と改称する。[3] このような町の雰囲気の形成については、第6章「都市の住まいとまちなみ——「成城」を通して考える」（山本理奈）がくわしく論じるように、「自分の住まいに対する住民のはたらきかけ」がきわめて重要である。

住宅地としてのインフラストラクチャーは、街の開発に伴って整備される。下水は道路とともに土地の造成時に作られた。電気については、仙川の落差を利用して自家発電することも学園側で計画されたが、電力会社によって送電線が設置された。水道は、一九二七年に学園住宅地住人が中心になって、水道利用組合設立許可を申請し、三〇年に日本水道から分岐供給を受けるようになる。ガスは三二年に供給されている。以上を通じて、上下水道、電気、ガスといったライフラインが整備されたことになる。[4]

成城が「文化住宅」が立ち並ぶ空間になった契機の一つが、一九二九年に成城で開催された朝日住宅展覧会である。第4章「教育する家族の生活と教育——成城を事例として」（岩田一正）はこの展覧会に焦点を当てている。懸賞金付きで図案を募集し、入賞した十六棟が実際に建てられ、分譲された。三二年には、小田急線の南側に、P．C．L．（写真科学研究所）の二つの大ステージが建設される。この建物は、東宝の砧撮影所の前身になった。第3章「成城と映画——〝世界のミフネ〟を生んだ街・成城」（高田雅彦）が「日本のハリウッド」「日本のビバリーヒルズ」と高らかに宣言するように、成城は映画の町としての相貌をもつようになる。[5]

戦中の一九四五年五月二十五日、成城は空襲で罹災している。そして戦後、五〇年に成城大学が開設される。成城学園の卒業生だった増沢洵が設計した大学一号館は五八年に、大学二号館は六四年にそれぞれ完成した。成城の町と建築との関わりについては、とりわけ丹下健三を中心に、第2章「建築家が帰る場所——丹下健三と成城のまち」(磯達雄)で詳細に語られるだろう。

3 文化都市——ミドルクラスと文化と郊外

各章の概要紹介に入る前に、戦前の「文化」と「モダン」の文脈を整理しておこう。成城大学でも教鞭を執っていた社会心理学者の南博は、戦前の大衆文化研究の先駆者の一人である。(6) モダンガールと呼ばれた洋装の女性、それに対応するモダンボーイ、百貨店、広告、映画館、カフェ、遊園地、地下鉄などが、戦前のモダン文化と呼ばれたものを構成する。

戦前のモダン文化を考えるうえで重要な人物として、小林一三(7)が有名である。小林は、関西で有馬箕面電鉄(現在の阪急電鉄)の始業に携わり、沿線に住宅地を開発・販売するというアイデアで大成功を収める。また沿線の歓楽地である宝塚に少女歌劇団を結成する。さらに、日本初のターミナル・デパートを大阪の梅田に開設する。この一連の事業がターゲットにしていたのが、都市のミドルクラスだった。郊外に住み、鉄道で通勤し、休日には行楽に出かけ、デパートで買い物をする。そのような新しいライフスタイルが、戦前のモダン文化と呼ばれるものの内実だった。

　また、戦前のモダン文化は急速なメディアの発達に支えられていた。この時期、新聞は百万を超える発行部数をもつようになり、全国都市対抗野球の開催や漫画の掲載など、読者を広げる試みがさまざまにおこなわれた。まったく新しいメディアとして、一九二五年にラジオが本放送を開始する。レコードが普及し、「東京行進曲」（一九二九年）がヒットする。出版に目を移すならば、講談社が二五年に創刊した雑誌「キング」は、発行部数が百万部を超えた。出版での大量生産は二六年の改造社の円本の発売に至り、対抗して「岩波文庫」（岩波書店）が出版される。このような急速なマスコミュニケーションの発達と大衆社会化の背景にあるのもまた、大量生産された文化財を消費するだけの所得と知識と趣味をもったミドルクラスの広がりである。

4　「機械」の文化――戦前日本の大衆文化

　このようにモダン文化は、大量生産技術と深い関わりをもっている。戦前に登場する「モダニズム」という思考は、合理性や正確性、精密性を強調する。これらの特徴は、とりわけ建築の様式では、鉄骨やガラスといった新しい工業的素材、電気という新しいエネルギーを使用することで可能になった建築物に最もよく現れる。また、このような合理性は文学表現としての探偵小説に通じていく(8)。そして、映画は十九世紀末に運動を記録する技術（cinematograph）として発明され、大量生産技術を促進すると同時に、芸術での表現の様式を新しく条件づけるものでもあった(9)。

大量生産技術との関わりは、モダン文化やモダニズムが「機械」という概念をその中核にもつことに表れている。関東大震災後の一九二五年、新居格は『近代心の解剖』[10]のなかで「機械」を論じる。「機械」とは、近代に固有のショックの経験をもたらすものであり、また、その構成によって美をもたらす。哲学者の中井正一は、二九年の「機械美の構造」[11]という文章のなかで、その冒頭に「われわれは構成の時代にいる」というル・コルビュジエの言葉を引用する。中井は、この「構成」という言葉を「機械」の特徴と位置づけて、生産や美の論理が、「人間」から「機械」へと大きく変わりつつあると論じる。哲学者の土田杏村は、三〇年の『文明は何処に行く』のなかで、あらゆる無駄を排除したものとして「機械」を位置づけ、思想家が「社会的技師」でなければならないと論じる。「現代の文明問題を考察することは、あたかも都市計画の仕事をなす一土木技師が、地図の上に用と美との一致した構成的な計画線を引くことに類似する」[12]。マルクス主義評論家の平林初之輔もまた、三〇年の文章のなかで、「モダアニズムの軀幹をなすものは、生活の機械化であり、それから生じた速度化であり、能率化である」[13]と述べる。

構成、能率、無駄の排除、技師。広くエンジニアリングや工学、技術に関わる概念が、「機械」の概念を取り巻く。戦前期日本の文化についての言説情況の一側面である。

5 「機械」の時代(machine age)——戦前アメリカの大衆文化

構成や計画や統制といったモダニズムの思考は、一九三〇年代の日本社会だけではなく、アメリカ、ソビエト連邦、ドイツ、イタリアなどに共通するものである。[14]とりわけ、戦前のアメリカ社会は、一八年から四一年にかけての戦間期、「機械の時代（machine age）」と呼ばれる経験をしていた。「機械」は、産業だけでなく、生活や文化へと波及する。[15]建築や文学や芸術のなかでさまざまな「モダン」の様式が提出されるが、それらの底にはいずれも「機械」が横たわっていた。

アメリカの技術史家トーマス・ヒューズは、この背景として「第二次産業革命」と呼ばれる一八八〇年代以降の技術革新に注目している。[16]それまでの産業革命が蒸気、石炭、鉄を利用したものだったのに対し、「第二次産業革命」では電気と内燃機関が登場する。そこから、電話、電灯、ラジオ、自動車、飛行機といった新しい技術が発展する。これらの技術は、何よりも都市を大きく変容させる。遠方から供給される電力は、都市で化石燃料を燃やす必要性を減らし、都市を「清潔」にする。また、電力で駆動するエレベーターは都市の高層化をもたらし、地下鉄が都市の地下に張り巡らされる。産業都市は、機械技術によって、金融、商業、文化のメトロポリスに変容していった。都市は秩序と組織の形象であり、一つのシステムになる。商品やサービスは大量生産され、無数の消費者に提供される。また、機械は重労働を置き換える。機械は一つのモデルになり、人々は技術を通じて世界を機械的に組織化することができると考え、またそれを求めたのだった。

機械化とそれをもっぱらにするエンジニアが時代の価値を担っていた。彼らは人間世界をデザインし、問題を解決する手段を与えることができると考えられていた。エンジニアたちは、途方もない力を手に入れる。電力システムの制御室のように、遠隔地にある小さな装置で巨大な力を制御することができる。エンジニアは、合理性、科学的方法、巨大計画に価値を置く。それらは人類を飢えや貧困や苦痛から解放できるものと信じられていた。

6　大量生産技術とモダニズム

アメリカの「機械の時代」を代表する二人の人物がヘンリー・フォードとフレドリック・テイラーである。両者の名前からは、大量生産の様式と労働者管理の様式として、フォーディズムとテイラー主義という単語が作り出される。

フォードは、一九〇八年に販売を開始したT型フォードによってアメリカ社会を一変させる。互換可能な（＝標準化された）部品と労働を、アッセンブリーライン（組み立てライン）によって組み合わせることで、フォードは二七年までに一千万台以上もの自動車を大量生産した。それまで贅沢品だった自動車は、農民を含む民衆の手に届くものに変わる。T型フォードを生産するハイランドパーク工場とリバー・ルージュ工場の建物もまた、秩序と能率という合理的・技術的な価値を体現するものだった。

他方、テイラーは「科学的管理法」によってその名を知られている。テイラーは、労働者の動きをさまざまな部分に分解し、またその動きをストップウォッチで測定することを通じて、最も能率的な動きを追求して「無駄」を除去することを目指す。このような「能率」の追求と「無駄」の除去は、一九一〇年代に能率運動としてアメリカを席巻したものであった[17]。

重要なことは、両者に共通する「エンジニア」のまなざしである。生産のプロセス全体が、関連する部分へと分解される。そして、それぞれの部分が最も能率的に作動する方法が模索される。よくデザインされ、細部まで配慮されたシステムが途方もない量の生産を可能にする。このような部分は、人間と機械を特に区別しない。むしろ「エンジニア」のまなざしは、人間の活動を機械として捉え、その入力と出力を測定することで、人間と機械の境界を揺るがしていったといえる。

このようなアメリカでの機械への熱狂は、大量生産様式とともに、第一次世界大戦後、ワイマール・ドイツ、ソ連、さらには日本へと波及していく。とりわけドイツでは、ヘルマン・ムテジウス、ハンネス・マイヤー、ヴァルター・グロピウスといった建築家たちが、大量生産とその価値に注目する。機械は、合理性、能率性、対称性、明晰性によって、一つの美学を提供する。その素材は、ガラスやコンクリートブロック、鋼材など、新しい産業的生産物である。その工法は、フォードの大量生産やテイラーの科学的管理法を参照し、とりわけ住宅の生産に適用される。「いかにしてより安く、よりよく、より魅力的な住宅を建設するか」が問われ、工場での互換可能な部品の製造や組み立てラインのようなプロセスが考案される。グロピウスは、第一次世界大戦後の住宅不足のために集合住宅をデザインしている。そして、ムテジウスのアトリエで学んだル・コルビュジエは「住むための機械」として住宅を構想する[18]。

「能率」と「無駄」の思想は、労働だけでなく、家事や娯楽など、人々の生活のあらゆる局面について工学的に見るまなざしを生み出す。「機械」の時代にあって、個々人はそれぞれの生のエンジニアになることが求められる。このような「価値」をめぐる変動は、一方で、建築や文学や芸術の表現の仕方に影響し、他方で、社会の編成そのものに深く影響していく。ここに「モダニズム」の問題を位置づけることができるだろう。

7　近代の経験と方法――グローバルでローカルな経験と痕跡

以上のようなモダニズムの歴史を通覧するのであれば、学園都市・成城は日本の近代社会だけでなく、グローバルな歴史のなかでも興味深い対象として見えてくるのではないだろうか。

ミドルクラスの登場、電気やガスや水道といったライフラインとともに生きる生活、また郊外住宅地の開発と子どもたちの教育、さらに、精密さや正確さといった機械的価値の追求。これらはニューヨークであれ、ベルリンであれ、さらにはモスクワであれ、世界的に探求された現象だったのだ。そのような文化が、第二次世界大戦という破局へと向かい、その後の焼け野原のなかから再びよみがえる社会の構成の方法となり、都市や建物が計画されて建設される。日本社会において、計画は高度経済成長を推進し、例えば「団地」と呼ばれる集合住宅のように、さらに多くの人々の生活の経験になっていく。

成城という空間は、その背後にグローバルな社会の歴史をたたえている。また建築や探偵小説や映画などのグローバルな社会の歴史は、成城という空間を考えていくために必要ないくつもの補助線を与えてくれる。

本書が主題の一つにするモダニズムという経験に関して、建築物（住宅）、小説、映画という対象は、近代性に固有の方法論を要請する。これらの対象は、持続的に見えるが実はつかの間のものでもある。建築物は、資本や国家の動態によって容易に取り壊され、更地になり、その痕跡は更新されてしまう。探偵小説は、痕跡の科学であり、その背景には移動し流動する近代世界の社会性がある。そして映画もまた、時間を記録する装置である。本書に収められた論考はそのような時間の痕跡を収集し、時代を復元しようとする意志によって支えられるものでもある。これは方法への問いを開くだろう。さらに、これは近代という主題への問いも開く。なぜなら現代の資本主義のモードは、より加速した更新を必然とするものだからである。そのような方法的企図についての探検として本書が読まれるのであれば、編者としてとてもうれしい。

同時に、モダニティが資本や産業といった巨大な力と関わるかぎり、かつて計画された成城の町も深刻な変容を被ることになる。一九七七年、今朝洞重美は、田園調布と成城学園前を論じる文章のなかで、宅地の小規模化の傾向をすでに指摘していた[19]。今朝洞が作成した図1と図2は、それぞれ開発当初（一九二五年から三一年）と七七年との成城学園の区画である。九百九十平方メートル以上、六百六十平方メートル以上、四百九十五平方メートル以上と、広い区画ほど濃くなるように色付けされている。図1から図2で、宅地の増加とともに、南側を中心とした土地の再分化が目立つ。すでに七七年に目立っていた傾向は、四十年以上を経た現在、駐車場の増加や集合住宅の建設とともに、より加速している。

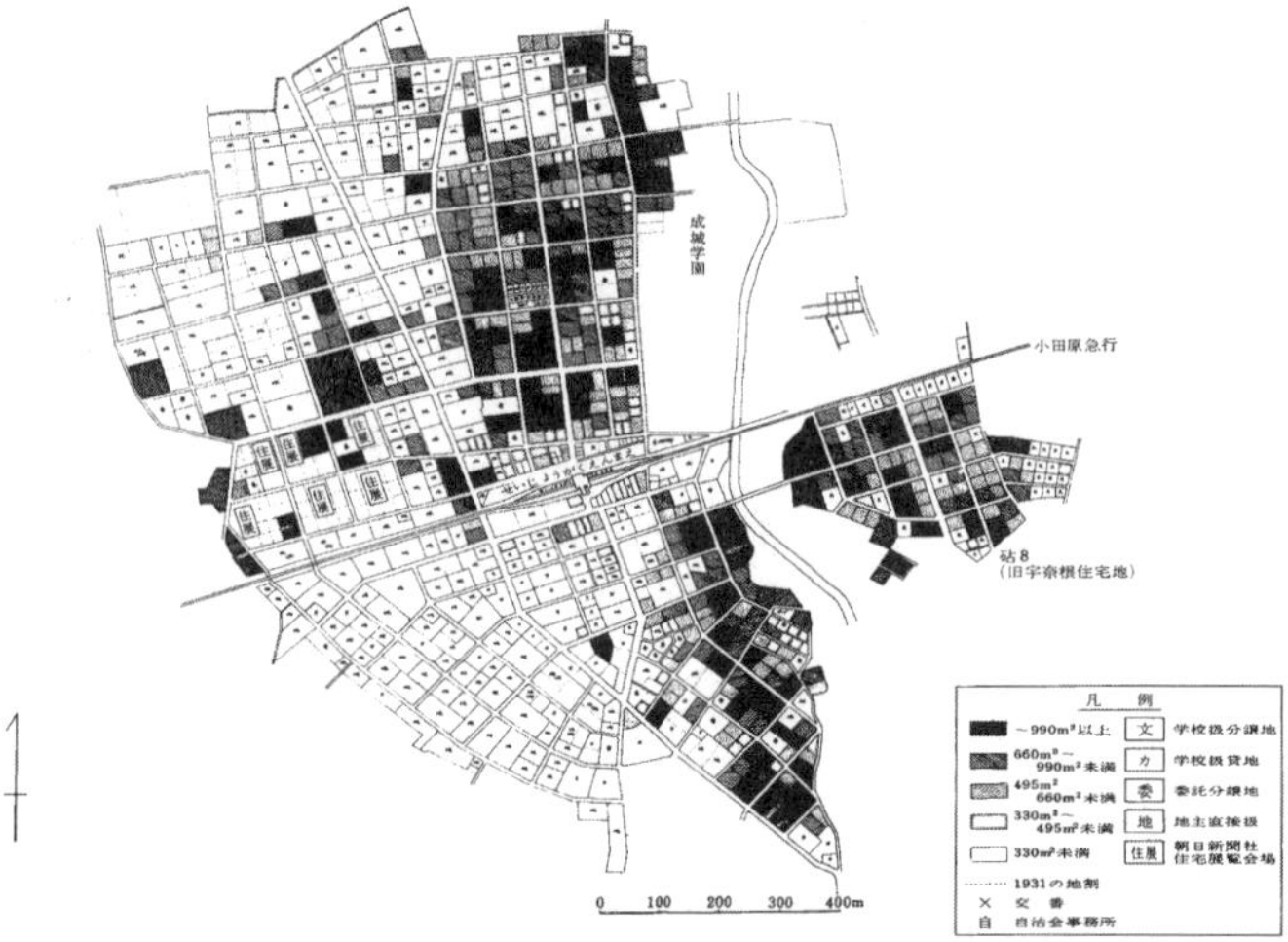

図1　成城住宅地、開発当初の地割図
（出典：今朝洞重美「東京郊外における高級住宅地の変容——田園調布、成城の場合」「駒沢大学文学部研究紀要」第37号、駒沢大学、1979年、28ページ）

以上のような状況は、決して成城に限られたことではない。それは、東京をはじめとしたさまざまな都市空間に、また人口減少の局面に入った日本のさまざまな空間に共通する経験だろう。成城という空間の歴史の考察は、そういった問題へと開かれている。

各章の概要を簡単に紹介しよう。

第1章「横溝正史の定住と移動——探偵小説のトポロジーを考える」（内田隆三）は、重厚な論考であり、本書に収録できたことを何より光栄に思う。戦後、「見晴らしがいい」成城の町に移り住んだ横溝正史という小説家の経験が焦点になっているが、この章は、その漂泊と定住の経験を、「人が住まう場所との関係」「人と、人が移動する空間との関係」の系列に位置づけ、ル

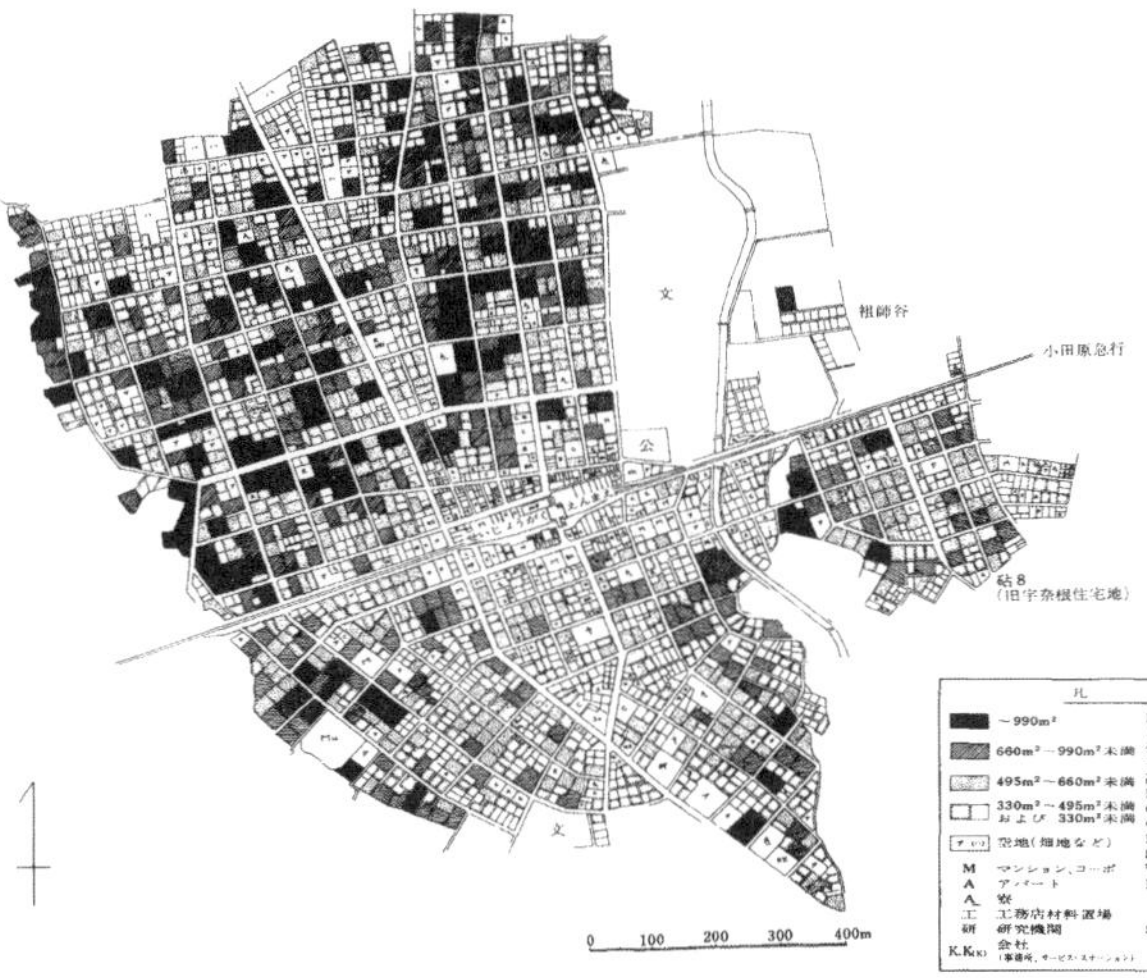

図2　成城住宅地、1977年の宅地界図
(出典：同論文29ページ)

ネ・デカルトとイマヌエル・カントの思考が織りなす「合理性」の歴史へと埋め込むことから始まる。合理性と実用性は、近代の経験の構造を解明していく一つの視角としてあり、そのために殺人事件を主題とする探偵小説の言説が、近代の経験を考えるうえでの重要な題材になる。探偵小説と作家の作法は、戦前の都市のモダニズムとプライバシー、戦後の都市開発と戦争の過去といった日本近代の経験についても一つの鋭い問いを突き立てる。この章では、江戸川乱歩や松本清張との比較を通じて、横溝正史の「「書くこと」を支える枠組み」が、近代の経験の奥行きとともに示されていく。一人の小説家の住むという経験を扱うのだが、その実在の確かさそのものが風に吹かれて消えていくようにして終わる。不思議な読後感が残る。

第2章「建築家が帰る場所——丹下健三と

成城のまち」（磯達雄）は、戦後日本を代表する建築家である丹下健三が、一九五三年に成城に建てた自邸に注目した論考である。丹下が成城に住むことになったきっかけは、結婚相手の敏子にあった。敏子の父・加藤武雄は、田園生活へのあこがれと、澤柳政太郎による成城学園の教育思想への共感から、一九二五年に成城へと移り住む。丹下は、結婚を機に加藤の家がある成城へと引っ越し、子どもが生まれたことを契機として成城に自邸を建築する。その作品群のなかでも珍しい戸建て住宅である。この住宅は、家庭が私的空間や生活を想起させるならば、あまりに開放的である。自宅は建築仲間やアーティストとの交流のためのサロンとなり、庭は近隣の子どもたちの遊び場となった。丹下はまた、自宅の写真について、屋根そのものを見せないように丁寧にトリミングしている。丹下は暮らすことや住むための建物に興味がなかったのだろうか。だが、著者は、巨大構造物や都市そのものといった「大きなもの」を設計する建築家が、成城では、家庭と幼稚園という「小さなもの」のための空間を設計していることへと注意を呼びかけている。それは、ある一人の建築家の資質の複雑さとともに、その生の奥行きについて、一つの問いを提起するものである。

第3章「成城と映画――〝世界のミフネ〟を生んだ街・成城」（高田雅彦）は、おそらくほかの章とは相当に違う印象をもたらすと思う。執筆者の高田雅彦氏は、成城学園に長年勤めてきた職員であると同時に映画研究者であり、その文体は、いい意味でアカデミックではなく、講談的であり、読む者を引き込まずにはいない。その前半部では、成城がどのようにして映画の街になったかを探求するのだが、この筆者が成城の街を「日本のハリウッド」「日本のビバリーヒルズ」と呼ぶことが、決して僭称ではないことを示している。後半では、成城に住んだ一人の映画人としての三船敏郎に焦点を定めて、その生涯と成城の街との関わりを示していく。成城の街に東宝撮影所がある偶然、三船が俳優になる偶然、そしてこの筆者が映画を見はじめ、成城学園に勤めることになった偶然、そういった偶然の折り重なりのなかで、この章は成立している。

第4章「教育する家族の生活と教育――成城を事例として」（岩田一正）では、一九二九年に成城を舞台に開催された朝日住宅展覧会に注目しながら、戦前のミドルクラス（新中間層）の生活を浮かび上がらせていく。とりわけ注目するものが、「子どもに対する配慮」という教育への志向であり、住宅と教育、住むことと育てることという主題を探求していく。戦前の新中間層の系譜を追いながら、「新中間層の欲望」を着実に追跡するこの章は、本書の第2部の冒頭にふさわしい。その郊外生活や理想の教育像を探求していくとき、「子ども部屋」を中心に編成した住居が、同時に「女中部屋」を組み込んだものであることが浮かび上がってくる。それは、核家族とマイホームのイメージをもつ戦後の新中間層とは異なる、他者を内包した戦後の新中間層の家族の姿である。「教育する家族」が同時に、女中を組み込み、一つの企業として家事や教育をするという姿は、ミドルクラスの歴史のなかに走る幾重もの差異を示す。同時に、それは、資本や時間を最適に運用することを目指す現代人の姿に重なるものと考えることができるかもしれない。

第5章「なぜモダニズム建築にして都市計画なのか」（北山研二）では、成城大学に現存する一号館と二号館を建築した増沢洵から、ル・コルビュジエを中心としたモダニズム建築や都市計画を論じる。コルビュジエとその弟子たちが戦後日本の近代化と都市空間の構成にどれほど関与してきたのかが示される。コルビュジエのモダニズムは、大量生産との深い関わりをもつが、その合理性は植栽に見られるように環境との調和を志向するものであり、単純な経済合理性に還元されるものではない。そのような合理性の豊かさは、二十年を超える月日を成城大学の教員として過ごした筆者の経験につながっていく。それは、成城という都市空間、成城学園というキャンパスがどのように生きられたかという痕跡の一つの記録でもあるだろう。「そもそも、建築は日常活動の空間を造るものである。できた建築は、日々現前するのだから、人々の生き方や考え方に大きく作用する」。住まうこと、移動すること、それが成城の街をどのように作り上げ、どのような力のもとに変じつつあるのか。本書全体を貫く問いでもある。

第6章「都市の住まいとまちなみ――「成城」を通して考える」（山本理奈）は、現代都市の「都市のリズム」と、そこに生きる「人のリズム」の落差が、現代社会の深刻な問題に通じていることを示す。戦後の高度経済成長期に、持ち家社会の形成を目指す政策と住宅産業によって支えられた「マイホーム主義と呼ばれる新しいライフスタイル」は、半世紀以上の時間がたち、建物も居住者もともに「老い」の問題に直面している。複数の世帯による「共時的な共有」や、複数の世代にわたる「通時的な共有」から住宅が切り離される傾向はさらに加速し、マイホームという集合は単独世帯へと細分化していく。この趨勢のなかで、都市の空き家問題や高齢者住宅の深刻な不足といった問題が現れてくる。この章が提起することは、「時間の堆積性」や「都市の集住性」をポジティブに評価する価値軸を想像し、創造することを通じて、「都市のリズム」のなかで「人のリズム」を維持することである。このような現代社会の問題を背景として、成城のまちの歴史と現在を再考する。その歴史は、「自分の住まいに対する住民のはたらきかけ」の優れた事例であり、「計画」に対して、下からの「必要」によって社会規範を生み出してきた事例である。こうして「互いに縁もゆかりもない者」という、他者との関係性をめぐる問題が開かれていく。

本書は、多くの人々の協力によって成立したものである。村瀬鋼学部長をはじめとした成城大学文芸学部の方々。成城大学モダニズム研究会のみなさまと、それを支え、参加してくれた成城大学の学生たち。また、荒垣恒明さんをはじめとした成城大学教育研究所のスタッフの方々。そして、成城自治会のみなさまや成城学園関係者をはじめ、当日のシンポジウムにご参加いただいた方々。何よりこのシンポジウムの企画の種となるいくつものつながりを作っていただいた、成城大学文芸学部共用研究室の下村みささんに謝意を表したい。本書は、成城という街の多様な主題について、多様な領域から、多様な個性によって論じたものである。このような議論を可能にする成城という街の、開かれた感覚に対して、何より感謝したい。

なお、本書は成城大学文芸学部の出版助成を受けている。

注

(1) 成城学園と成城の町の歴史については、以下の文献を参照。『成城学園九十年』編集小委員会編纂『成城学園九十年』成城学園、二〇〇八年、成城学園教育研究所編『学校と街の風景――成城学園の一〇〇年』成城学園教育研究所、二〇一九年、成城自治会『成城のまち』成城自治会、二〇一五年

(2)酒井憲一「成城・玉川学園住宅地」、山口廣編『郊外住宅地の系譜――東京の田園ユートピア』所収、鹿島出版会、一九八七年、二三七―二六〇ページ
(3)成城自治会については、前掲『成城のまち』を参照。
(4)荒垣恒明「学園と成城の町――地所部資料からみた学園の町づくり」、前掲『成城学園九十年』所収、二七七―三一五ページ参照
(5)成城と映画の関わりについては、高田雅彦『成城映画散歩――あの名画も、この傑作も、みな東宝映画誕生の地・成城で撮られた』(白桃書房、二〇一七年)を参照。
(6)南博/社会心理研究所編『大正文化』勁草書房、一九六五年。日本の大衆文化や娯楽研究に関しては、同じく成城大学で教えていた石川弘義の仕事も見落とすことはできない。
(7)小林一三については、原武史『「民都」大阪対「帝都」東京――思想としての関西私鉄』(「講談社選書メチエ」、講談社、一九九八年)を参照。
(8)探偵小説については、内田隆三『探偵小説の社会学』(岩波書店、二〇〇一年)、同『ロジャー・アクロイドはなぜ殺される?――言語と運命の社会学』(岩波書店、二〇一三年)、同『乱歩と正史――人はなぜ死の夢を見るのか』(「講談社選書メチエ」、講談社、二〇一七年)を参照。
(9)運動を記録する技術としての映画と、大量生産技術、特に科学的管理法との関係については、ジークフリート・ギーディオン『機械化の文化史――ものいわぬものの歴史』(GK研究所/榮久庵祥二訳、鹿島出版会、一九七七年)を参照。
(10)新井格『近代心の解剖』至上社、一九二五年
(11)中井正一「機械美の構造」(一九二九年)、久野収編『現代芸術の空間』(「中井正一全集」第三巻)所収、美術出版社、一九八一年、二四八―二四九ページ

（12）土田杏村『文明は何処へ行く』千倉書房、一九三〇年、四―五ページ

（13）平林初之輔「芸術派、プロレタリア派及び近代派」（一九三〇年）、『平林初之輔文藝評論全集』中所収、文泉堂書店、一九七五年、二四七ページ

（14）ウラジーミル・レーニンがテイラー主義を参照したことについては、Thomas Parke Hughes, *American Genesis: A Century of Invention and Technological Enthusiasm. 1870-1970*, The University of Chicago Press, 1989 やスーザン・バック＝モース『夢の世界とカタストロフィ――東西における大衆ユートピアの消滅』（堀江則雄訳、岩波書店、二〇〇八年）を参照。また、アメリカ、イタリア、ドイツの共通性については、ヴォルフガング・シュヴェルブシュ『三つの新体制――ファシズム、ナチズム、ニューディール』（小野清美／原田一美訳、名古屋大学出版会、二〇一五年）も参照。

（15）「機械はいたる所で見られ、機械化の影響はその物理的存在を超えて、自己と世界の両方をどう認識するかというところまで及んだ」（リチャード・ガイ・ウィルソンほか『アメリカの機械時代1918-1941』永田喬訳、鹿島出版会、一九八八年、二三ページ）

（16）Thomas Parke Hughes, *Human-Built World: How to Think about Technology and Culture*, The University of Chicago Press, 2004.

（17）シシリア・ティチは、一九一〇年代にフレデリック・テイラーの能率運動がアメリカを席巻するさまを描き出すが、それに先行する文学的表現――エドワード・ベラミー、ソースタイン・ヴェブレン、アプトン・シンクレア、ヘンリー・アダムズ――が存在することに注意を促す（Cecelia Tichi, *Shifting Gears: Technology, Literature, Culture in Modernist America*, The University of North Carolina Press, 1987.）。

(18) ワイマール期の建築家と大量生産技術の関連については、Hughes, *op.cit.*. を参照。

(19) 今朝洞重美「東京郊外における高級住宅地の変容——田園調布、成城の場合」「駒沢大学文学部研究紀要」第三十七号、駒沢大学、一九七九年、一五—二四ページ

第1部　住まいとしての成城

第1章　横溝正史の定住と移動
——探偵小説のトポロジーを考える

内田隆三

1　デカルトの漂泊／カントの定住

二人の哲学者

人はどこかに住んでいる。あるいは旅をし、移動し、どこかに滞在している。理由はともあれ、育った場所や親しんだ土地を去り、住んでいた家や村や町が無くなることもあるが、いのちがある以上、人はどこかの場所で生き続けなければならない。また、故郷の地に住んでいたとしても、ミシェル・フーコー（一九二六〜八四）の少年時代のように、あした自分がフランス人のままなのか、ドイツに編入されるのかわからない、そんな時代を生きた人たちも数えきれない。(1)一九四〇年にドイツ軍はフランスへ侵攻するが、フーコーが育ったポワチエの町も支配下に置かれ、ヴァンドゥーヴル＝デュ＝ポワトゥーにあった母方の屋敷も一部がドイツ軍将校に接収されたのである。(2)

こう考えると、人と、人が住まう場所との関係、また人と、人が移動する空間との関係はどのようなものなのか……そんな問いが浮かんでくる。人はどんな目的や感情を抱いて、どんな事情を引きずり、自分の住む場所や、自分が移動する空間と関係しているのか。町や、村や、家は、人の内面にこのうえなく親密でありうると同時に、時代の仕組みによってあっさりと姿を消してしまう何物かでもある。もちろん、その人の年齢によって、人と、人が生きる空間との関係は変化するが、ここではまず興味深い二つのケースを振り返っておきたい。

それは西欧の文芸復興《ルネサンス》期の後、十七世紀以降の哲学史を代表する二人の人物の場合である。そのうち一人は幾何学や物理学、医学でも、もう一人は天文学や地理学でも優れた業績を残している。この二人はその仕事の上で途方もなく（どこか狂気じみて）偉大に見える面もあるが、彼らが問いかけたことは、いまなお重要で学ぶべきところがあるように思える。

二人の哲学者のうち一人は、十六世紀末、ルネサンス終焉の頃にフランスに生まれ、「古典主義時代」がはじまる頃まで活躍し、スウェーデンの首都で客死したルネ・デカルト（一五九六～一六五〇）である。デカルトは旅や移住を重ねるなか、人里離れた場所で「省察」（méditation）を続け、(3)幾何学に範をおく明証的な手続きに従って〈真理の言説〉を獲得しようとした人物である。もう一人は、十八世紀前半にプロイセン王国（のちにドイツ国家の盟主となる）に生まれたイマヌエル・カント（一七二四～一八〇四）である。カントは十八世紀末以降の「近代性の時代」――フーコーは一九六六年の著作で、我々の時代はまだそこから抜けだしていないと考えていた――がはじまろうとする頃、その時代の〈理性〉の可能性と限界を見定める「批判」（Kritik）を試みた人物である。それゆえ「省察」と「批判」、つまり懐疑と禁欲がそれぞれ二人の仕事の根幹にある。

漂泊の思想／定住の思想

ジュヌヴィエーブ・ロディス＝レヴィスによると、(4) デカルトはフランスのトゥーレーヌ地方にあるラ・エーに生まれた。彼はイエズス会のラ・フレーシュ学院で学び、一六一五〜一六年の学年をポワチエの町に下宿して過ごし、法学士の資格を取得した。そしてレンヌの家族のもとで少し暮らしたあと、彼は「旅の人生」を開始する。『方法序説』（一六三四）によると、デカルトは「書物の研究」を離れて、「私自身」のうちに、あるいは「世間という大いなる書物」のなかにあるかもしれない学知を求めて遍歴の旅に出る。(5) それから彼の人生は旅を重ね、移住すること、つまりヨーロッパの諸国に及ぶ大きな空間のなかを移動し、何度も住む場所を変えていく人生となった。それは三十年戦争（一六一八〜四八）の時代と重なっている。

他方、カントはバルト海沿岸にあったケーニヒスベルク（現在はロシア領カリーニングラード）に生まれ、生活のための家庭教師時代を除くと、この町を出たことはほとんどないといわれる。晩年の『実用的見地からみた人間学』（一七九八）によると、「王国の政治的中心地で、学問と文化を支える大学があり」、湾岸地帯にあって「海外貿易」に適しており、また河川などの内陸交通の面でも「言葉や習俗の異なった近隣の国々との往来」に便利な都市――ケーニヒスベルクがそうである

――に住んでいれば、居ながらにして人間や世界についての知を拡張できる。[6] だから必ずしも「旅は必要ではない」ことになる。

デカルトが苛烈で複雑な宗教戦争の時代に諸国を遍歴し、「漂泊の人生」を送ったとすれば、カントは生まれ故郷の都市で学問を積み重ね、「定住の人生」を送った人である。七年戦争（一七五六～六三）の間にケーニヒスベルクがロシアの軍隊に占領された時期もあるが、それはこの都市の貴族と市民の生活に消費文化や趣味や社交の楽しさへの感受性を目覚めさせたという。[7] また、漂泊と定住というと、対立の面だけが強調されるが、それだけではない。デカルトはフランス語を母国語とし、カントはドイツ語を母国語としたが、彼らの仕事はラテン語という西欧の「共通言語」の空間を教養の地盤にしていたし、彼らが古代ギリシアの時代に遡る歴史的な「知の空間」を生きていたことも事実だからである。

2 確実性の希求／実用性の確保

懐疑の場所――確かさを求めて

デカルトの『省察』（一六四一：一六四二）における哲学的発見は「われ思う、故にわれあり」（cogito, ergo sum）――あるいは「われ疑う、故にわれあり」（dubito, ergo sum）[8]――という命題に表現されるだろう。デカルトはまず、絶対に確実で明証的な真理を獲得するために、ほんの少しでも不確かなものがあれば、それを疑い、疑わしいものはすべて捨て去るという方針を立てる。省察の主体は、自分の身体も、自分の感覚も疑わしく、現実と夢との区別も疑わしく、神が自分を欺いている可能性もあり、さらには何か〈悪しき霊《マラン・ジェニ》〉が存在し、それが仕掛けた罠に丸ごと嵌められている可能性さえある……というように、真に確かなものに到達するために、少しでも疑いを差し挟む余地のあるものを容赦なく〈不確かなもの〉として捨てていくのである。

　この懐疑の過程で、省察主体である私は、自分の身体を疑い、自分の感覚を疑い、現実と夢の区別を疑い、神の善良さを疑い……と疑い続けるが、同時にそれらの疑いを少しは相対化できないこともない。だが、問題は次の段階にある、最高の力と狡知をそなえた〈悪しき霊《マラン・ジェニ》〉が存在し、私をそのまま丸ごと欺いている場合である。そこで私は自分の経験がすべて欺かれている可能性を疑うことになるが、この疑わしさはどうしても抜け出られないものとなる。

　だがこの場合、〈悪しき霊〉が私をそっくり欺むき続けているのなら、まさにそのゆえに欺かれている私は存在しているのではないか。つまり私は欺かれている（と疑っている）かぎり、「私は在る、私は存在する」（Ego sum, ego existo）ことは疑いえない。[9] ではこの「存在する私」とは何者なのか。それは他でもない、どんな欺きに対しても、欺かれまいと疑っている私、考えている私、つまり思考する主体であるかぎりでの私である。だから「存在する私」とは、ただ「思考するもの」（res cogitans）としての私、すなわち「われ思う」（cogito）かぎりでの私である、と。

　しかし、私が思考している限り、その思考の主体である「私は存在する」というが、それはどこに存在するのか？『方法序説』によると、この「われ思う」の主体である私は存在するためにどんな場所も必要としないし、どんな物質的なものにも依存しない。[10] それゆえ、この私は場所なきところに存在している。この主体は自分の身体や、感覚や、自分がいる場所はもちろん、世界すべてがその確かさを宙づりにされる不安な場所に存在する。また逆にいうと、およそ不確かなものには決して惑わされないという意味で、じつは何よりも確かな次元に存在している。

このとき気になるのは、この方法的な懐疑の経験は、旅や移動を伴う、そして人里から遠く離れた無人の地と同じように孤独な場所での思考を介して練り上げられていったことだろう。[11] デカルトはいわば〈ロクス・ソルス〉でコギトにかんする真理の言説に到達したのである。

実際、懐疑主体は自分の真理に到達するまでは、どんな確かさのうちにも安住することができない。そこには安んじて定住できる場所のない、むしろ場所や空間から自立し、身体や、感覚や、覚醒性や、現実性も括弧に入れ、ただ思考することによってのみ自己自身の存在の確かさを確証しようとする、省察主体の孤独な顔立ちが見える。とはいえ、デカルトの省察は「神」の存在証明によって安定するだろう。この「神」は永遠に不滅で「無限の」(infini)、全知にして全能と表象される存在である。[12] だが、ジャック・デリダは「コギトと狂気の歴史」でデカルトの「神」を「理性それ自身の絶対性の別名」であると注記している。[13]

批判の場所——実用性を求めて

他方、フーコーによれば、カントの思想的核心の一つは、人間の「有限性」(finitude)が従来にない仕方で西欧の「知」の台座となる時代が始まることを告げていた点にある。カントの理性批判の仕事は一定の囲いのある場所で妥当で確実な知を求めるように促す。この囲いの外に出ることは、制限を超え、禁忌（タブー）を冒すことであり、本質的に危険な行為となるだろう。それは意味のない不毛な議論に陥り、あるいは妄想に囚《とら》われることになるからである。カントの場合は、方法的懐疑ではなく、囲いのある安全な大地に定住するという「批判の見地」から、妥当かつ有効な知が求められることになる。

だが、この囲いは奇妙な囲いである。この囲いの設定は、囲いの境界にかかわる理性批判の水準では有効に機能するだろう。しかし、この囲いの内部に目を移すと、囲いの境界を超えようとする試みは人間学的なプロジェクトに変形され、このプロジェクトは「人間とは何か」を問い続ける知として構造化され、正当化されるからである。

この囲いの内部では、人間の実存の具体的形態から出発し、人間とは何者であり、人間が住む世界はいかなるものかという問いが、窮めつくしがたい問いとして、つまり無限にひらかれた、終わりのない問いとして人間に課される。神や世界や理性自身に対する「超越論的な錯覚」は批判によって祓い除けられるだろう。だが、この錯覚が柵に囲われた人間の合理的で安全な定住地に投射され、そこで変形され、反復される「人間学的な錯覚」を払い除けることは難しい。「人間学的な錯覚」は囲いの内部にあり、それゆえ合理的なものだからである。

カントによれば、理性の正しい使用は、つまり合理性は、人間の「有限性」という囲いのなかで担保される。実際、理性の安全な定住を保証する囲いは、「専制的」(despotisch) な独断論の眠りを退け、また「遊牧民」(Nomade) 的な懐疑主義に対する防壁として有効に機能する。(14) だが、この防壁の内部で何が起こるのか。防壁に囲われた世界の内部に定住する人間とその安らかな眠りを担保するような合理性の構造が組み立てられ、この合理性の構造はたえず更新され、深められ、高次化されていく。だがそれは、合理性がそれ自身の組み立てのなかにたえず空白を生じさせ、つねに空白を抱え込んでしまうからである。

この合理性は人間の自由にとって不可欠なものであり、それが成立する場所や空間から遊離したものではない。だが、ナチズムでさえプチ・ブル的な人間の柵のなかで目の眩むような合理性の型をもっていたし、暴力は合理性の形態の最も根底的な部分に着床する。(15) 合理性とは、人間が住まう場所や空間との関係で、また人間の自由との関係でみると、自明のようでいて異様でもあり、親しくもあるが不気味でもある両価的《アンビヴァレント》な顔立ちをしている。

それゆえ「実用的な見地」からすると、この合理性にすべてを委《ゆだ》ねることはできない。合理性に対しては、人間はその合理性の構造や可能性にどんなかたちで満足できるのか、どの程度までそれらを制御できるのかを問わねばならない。すなわち、これらの問いをみたすことが合理性の前提条件のはずである。ところが人間的なもの、そして人間的な本質の追求は、実用性の範囲を超えて合理的であることを求める。だが、実用性とは一義的には確定しがたい基準であり、この曖昧さこそ実用的といえるのだが、合理性の追求はこの曖昧さに満足できない。

たしかに、実用性の範囲を超えることとは、魅惑的なことに違いない。たとえば宗教的な供犠や社会的な象徴交換は実用性の範囲を超えているようにみえる。だが実際には、その超過分は実用性とのあいだに合理的な均衡点をもつことによって制度化され、維持され、反復されているのである。

それゆえもし合理性がこの均衡点を超えると、つまり実用的な見地から制御不能になると、戦争や環境破壊のように、〈集団〉のレヴェルで根本的な悲劇の可能性が立ち現れるだろう。他方、〈個人〉の生活のレヴェルでも、実用性の範囲を留保なく超える合理性の追求と、それによって超えられる実用性との落差のうちには、不安な目眩や個性的な悲劇の痕跡が描き出されるだろう。

3　探偵小説と真実のゲーム

権力と真実の言説

哲学史の事例はおそらく人間の自由や存在の仕方をめぐる問いに基本的な視点を与えている。それらを念頭にしつつ、ここでは日本の近代に議論の場所を移してみたい。近代には欧米の社会からさまざまな事物が輸入され続けるが、探偵小説も明治時代中期に輸入された「舶来品」の一つである。探偵小説は文化形象にして商品である。その主題的《テマティック》な内容をみると、国家の権力機関である警察の振る舞いを相対化する主体を、すなわち「探偵」と呼ばれる私人を物語の主人公とする。「探偵」はこの意味で市民社会に属するが、最初は〈警察機構〉のなかに所属してその姿を現わすことになる。「探偵」はある時期から自由な私人として警察と協力しながら活躍する。しかし、「捜査の科学」(forensic science) が専門化し、素人探偵を排除するようになると、「探偵」は再び〈警察機構〉のなかの窮めて個性的な、つまり官僚的な組織に隷属するだけの匿名の一員では決してない変わり者、しかもリベラルで方法的に懐疑的な人物となる。

ここで重要なのは、「探偵」の思考が事件の捜査を「実証と論理」という二つの軸に沿って導き、捜査を歪めるような権力の恣意的な発動（暴力）に対して「異を唱える」（contredire）ことである。さらに重要なのは、探偵が誰からも等しく「証言」（真実の言説）を採集することである。G・K・チェスタトンがいうように、探偵小説では、身分や階級の違いを超えて、また政治的・道徳的な立場の差異を超えて、どんな取るに足りない者でも等しく「真実を証言する」権利の主体となる。[16] 探偵小説とは「真実を語る言説実践」（パレーシア）がどんな権力者も打ち倒す力をもつことを示す言説であり、近代の民主主義と選挙権の拡大過程の寓喩的な現象といってよい。

同じことは古代ギリシアの民主主義でも見られる現象であり、それゆえ史上最初の「探偵物語」はソポクレスの『オイディプス王』といえるだろう。この物語では、テーバイの先王ライオスの殺害という重要な事件にかんして、オイディプスは容疑者であると同時に、探偵として真実を、つまり「真理の言説」を捜し求めることになる。

バーナード・ノックスによると、この物語の進行は、古代ギリシアのアテナイで行われていた殺人犯を同定する尋問の手続き、つまり裁判の法的手続きをベースにして構成されている。[17] この物語でオイディプスは絶大な権力をもつテーバイの僭主《タイラント》だが、最終的には、奴隷身分の一羊飼《シェパード》いの「証言」によって決定的に不利な立場に立たされる。フーコーが一九七二年の講演で述べていたように、権力の闘いが知のゲームを通して演じられることによって、[18] つまり〈権力〉の主体が同時に〈真理の言説〉の主体となることによって、オイディプス王は罪人とされてしまう。民主的とはこういうことだが、実際には、権力の主体は真理の言説を隠蔽する。今日でも、民主的に選ばれたはずの権力の主体が、真理の言説の主体であることから著しく乖離しており、そこでは奇態なアンチ・オイディプスたちが現れ、彼らを「選ぶ」という民主的な行為もなかば呪術的な儀式に変成している。

探偵小説の構造

近代の探偵小説もソポクレスの物語のように殺人事件を基本的な主題としているが、この場合、探偵小説の言説は三つの重要な焦点をもっている。

(X)〈被害者〉の死を通して、彼らの個性を、つまりそれらの人物の生を死に重ね合わせることによって、人間的な「有限性」のかたちを浮かび上がらせる。

(Y)〈犯人〉の動機を通して、彼らの個性を、つまりそれらの人物の個人史的な過去を現在に重ね合わせることによって、犯行の内的な「必然性」を明らかにしようとする。

(Z)〈容疑者〉の不安を通して、彼らの事件への関係を、つまり事件に対する彼らの「第三者性」(他者性)が決して確かな事実ではないことを警告する。彼らは、①誤認逮捕されるかもしれないので、〈何も罪を犯していない〉にもかかわらず「危難」に晒される可能性がある。同時に彼らは、②犯人の意志に通底する願望を抱いていたかもしれないので、〈何も犠牲を払っていない〉にもかかわらず「剰余享楽」を得た可能性がある。

ここで被害者の「有限性」は、彼らの生と死の重ね合わせが見せる均衡/不均衡として描かれる。犯人の行動の内的な「必然性」は動機の合理性/非合理性の布置として描かれる。容疑者の「第三者性」は過剰な危難や享楽の顕在性／潜在性の布置として描かれる。問題はこの三つの焦点がどのように分節され、どう関連しあうのかである。

『緋色の研究』（*Study in Scarlet*, 1887）や『スタイルズ荘の怪事件』（*The Mysterious Affair at Styles*, 1920）のように近代的なタイプの探偵小説では、被害者の生と死はある程度均衡したものとして描かれる。ⓐ被害者の生にはなにか人間的な欠陥――犯罪、不法行為、過失、破廉恥、貪欲、我執、冷血、軽薄など――があり、それが彼らの生と死の落差（悲劇的な不均衡）を埋めるものとなる。ⓑ犯人の動機は狂気じみていると同時に合理的なものとして解明される。この合理性は悲哀や葛藤あるいは罪深い欲望のうえに構築されているが、角度を変えて見ると騙し絵のように合理性とは無縁な狂気じみた顔立ちが現れる。ⓒ容疑者に迫る過剰な危難と容疑者が手に入れる過剰な享楽は事件の渦中で顕在化するが、容疑者は自分の存在の潜在的な条件に向き合わざるを得ない。ここでは容疑者の不安は事件の血腥い中心部に向かって吸い込まれていく。

他方、『レッド・ドラゴン』（*Red Dragon*, 1981）から『砕かれた街』（*Small Town*, 2003）まで、現代社会の「無差別的な犯行」が焦点となる探偵小説では、ⓐ被害者の生と死は根本的な不均衡のなかに巻き込まれる。被害者の生にその有限性を刻印する死は、被害者の個性を確かなものにするのではなく、その個性から恣意的に乖離したものとなる。被害者はその生命だけでなく、むしろその「個性」（individualité）を殺されるのだが、「なぜ？」という問いに対して然《しか》るべき答えは返ってこない。ⓑ犯人はモンスター化するが、犯人の疎外＝錯乱状態は同時に別の合理性によって構造化されている。この合理性は断片的なものだが、社会的な現実の兆候として寓喩的に了解され、受け止められる。

ⓒ容疑者の第三者性はかなり抽象的なものになる。容疑者は事件の内部ではなく、事件の外側の社会に潜在している匿名の人物に近づくからである。容疑者はこの意味ではどこにでもいるのだが、犯人と被害者の関係も恣意的なので、容疑者はじつは犯人に近い場所にいることになる。これと並行して、ⓓ犯人自身も、事件の血腥い中心にいながら、事件の現場から遠く離れた容疑者に近い位置に存在している。犯人はそれゆえ被害者の過去や個性に対して無関心な、そして自分を見守るべき神の消滅した物語世界のなかを〈われ殺す〉という思考の主体として漂っている。

4　密室空間と無差別な視線

過渡期の時代――芥川龍之介と住宅の経験

日本の探偵小説の歴史で、それが輸入品の範囲を超え、独自の段階に達するのは江戸川乱歩（一八九四～一九六五）の二つの作品、『D坂の殺人事件』（一九二四）と『屋根裏の散歩者』（一九二五）によってだろう。それらは一九二〇年代のモダニズムとその破片にも似た人物が大都市の内部に溜まりはじめた頃の作品である。時代は大正から昭和へと移る頃であり、芥川龍之介（一八九二～一九二七）が「新時代」の現代性《モデルニテ》に不安なものを感じながら自殺を遂げる二、三年前のことである。乱歩の二つの作品はいずれも「密室空間」を犯罪の舞台としていたが、それらは日本人的な家屋の住まい方が都市空間のなかで変化していき、家屋の形状も上滑りに近代化していく過渡期の時代に書かれている。

坂口安吾は、芥川の死の三年後、同人雑誌『言葉』の編輯のため田端にある芥川家に出入りしていたことがある。安吾はあるエッセーに、芥川が自宅「二階の寝室」で「ガス管をくわえて死に損ったことがあるそうだ」[19]と書いているが、これは友人の葛巻義敏から打ち明けられた話なのだろう。この家の二階には書斎と寝室の二間があり、廊下を介して「襖」で仕切られていた。芥川の生前、寝室のほうはいつしか芥川の甥の葛巻義敏が使うようになっていた。

芥川龍之介の自殺の決意は固く、死ぬ一年以上前からあれこれ考え抜かれてきた。彼の思いは家族や親しい者には公然の秘密というか、彼のプライバシーの閾から溢れ出していた。家族のほうは彼の自殺の可能性を心配していたのだが、死ぬ前の晩、甥の葛巻が自室の「襖」をあけると、芥川の部屋も「襖」があいていて、芥川が寝ている姿が廊下越しに見えたという。

その時、見たものは何であったか。——彼の部屋の電燈はつけられたまま開かれ、直ぐ足もとの廊下に、半身を乗り出す様にして、目は見開いたまま、稍苦し気に、仰向き、頭をこちらに向けたままで彼のよこたわっている姿だった。……〔略〕……しかし、視線が戻り、編者〔葛巻：引用者注〕の視線と合った瞬間、彼は普段の彼と少しも違わず、くるりとその半身を起してすわり、何ごとも云わずに、その部屋の襖をしめて、入ってしまった。[20]

そのあと少し、二人のあいだに廊下を挟んで、あるいは「襖」を超えてやり取りがあった。最後に芥川は「座布団のあたりから、白い封筒を取り上げ、一種独特の微笑で、編者〔葛巻：引用者注〕の顔を見返し、見上げた儘で、その小さい洋封筒を、浴衣の懐深くにしまい、その浴衣の胸をなでてみせるしぐさと、独特な微笑をして見せた」[21]という。翌朝、芥川はヴェロナール等を服用して自殺を図っていたのが発見される。医師が呼ばれたが、手遅れだった。葛巻が前夜見た「白い洋封筒」は彼の懐中にあり、「遺書」だったことがわかる。

このとき芥川が自ら死んでいたのは、一階に建て増しした寝室である。この部屋には彼の妻と乳児も一緒に寝ていたのである。芥川が死ぬまでの時期、彼の家には彼と妻と三人の子供のほかに、養父、養母、彼の母代わりとなった伯母、そして甥が住んでいた。ほかに女中が二人いたが、女中部屋はなく、彼女らは伯母のいる居間で寝起きしていた[22]。かつて泥棒に入られたこともあり、また女中のやや脚色じみた話では「金貰い」が一日に十五、六人も来たり（名前を偽って一日に二度も金をせびりに来る男もいる）、「文学少女」が〈女中にでもして下さい〉と上がり込み、実際には書斎で原稿を盗み読みしたり、本を引き出して読んだりしたこともあるという[23]。この家の棟の下では、空間をなかば超越的に見通すかもしれない、先祖の霊や、民間信仰のお狸様も住んでいるが、逆に、核家族の独立や、個々人のプライバシーや、セキュリティという境界保全の意識はあまり判然としないのである。

密室空間と無差別殺人のコギト

芥川家の事件の二年前、乱歩の『屋根裏の散歩者』という物語では、互いに見知らぬ人たちが――本質的には互いに無関心な人たちが――それぞれアパートの個室に住んでいる。各個室は内側から「鍵」が掛けられるので、外部からの視線が遮断された、つまりプライバシーを享受可能な「密室空間」が成立していたことになる。しかし、この密室の成立は、あくまでも住居の「平面図」の上での話にすぎない。乱歩はこの平面図の上の安心の幻想を一挙に相対化するように、屋根裏（天井裏）からの「垂直の視線」を導入する。この垂直の視線は『陰獣』（一九二八）でも利用（引用）されている。『陰獣』の語り手の「私」によると、横からの視線に対しては自分の姿を意識する人でも、真上からの視線には「非常な隙《すき》」があるという。

真上からの視線は人間の隙《すき》をつき、実は当人も知らない、生地のままの、やや無恰好な姿を露わにさせる。(24)『屋根裏の散歩者』の犯人はアパートの屋根裏の空間をひそかに徘徊し、各個室の個人の隙だらけとなったプライバシーの生態を無差別に支配する視線を行使する。

乱歩の観察からすると、プライバシーのような近代性が成立するのは、家屋の平面図上の出来事にすぎない。事件の舞台となるアパートの構造は日本式の大きな木造で、その屋根裏には梁や棟木や支柱からなる「鍾乳洞の内部」のような空間が広がっている。この空間はいまでいう共用空間であり、プライバシーの区切りがない。(25)それゆえ屋根裏の内部を自由に徘徊する人物は、自分の真下にある個室群のなかのプライベートな生に対して、無差別的な関係をもつ主体となる。乱歩の作家としての才能は、「鍵」による私秘的な空間の成立を発見したこと――それは誰にでも発見できる――にあるのではなく、「鍵」によって個別化された空間が「屋根裏」という無差別的な空間と

〈重ね合わせ〉になっていることを発見したことにある。

「鍵」の登場によって、アパートの個室は人間の水平からの視線に対しては近代化され、洋風化されている。だが、屋根裏という建物の構造的な部分は、各個室の「押し入れ」にある天井の羽目板から〈自由に入り込める〉個人住宅の方式のままである。また、各個室の天井板は、「襖」ほどではないにしても、空間を厳密に仕切るものではなかった。個人の住宅なら、どの「押し入れ」も当人の所有であるが、集合住宅の各個室にこの日本的な「押し入れ」や天井板があるのは、依然として、公・私の関係に対する無意識が旧態のままだったことを物語っている。問題のアパートでは、「押し入れ」は寝具を仕舞い込む私的な空間として閉じているのではなく、公・私の区別が曖昧な、むしろ公・私の空間の転轍器のような場所となるのである。

おそらく公・私の区別――今日でいう共用空間／専有空間の区別――に対する曖昧な観念や雑居に慣れた無意識がこの時代の近代性を表象しており、乱歩は、猟奇的な粉飾を凝らしながらだが、実はこの上滑りの近代性をうまく小説にしたといえよう。

しかし、なお重要な問題が残るだろう。この物語では、屋根裏を徘徊する、そして無差別的な可視性をもつ主体が犯人となるが、そこには一個の逆説が成立しているからである。この奇態な犯人像は「近代の遅れ」や上滑りを梃子にして、「現代の不安」である無差別殺人の犯人像の出現を予見し、その犯行の原則を定式化しているからである。

屋根裏の殺人犯はある特定の人物を殺害したのだが、よく考えると、その発端は「虫が好かない」「顔が気に入らない」という偶然の恣意的な理由からである。(26) この場合、犯行の重大性と犯行理由が均衡するには別の平衡錘《すい》(counterweight)が必要である。つまり、この犯人には〈われ殺す、故にわれあり〉という無差別殺人の原則を生きる意識が必要である。この殺人を考えたとき、犯人は「何の恨みもない××を殺害するという考え」に、「思わず」「真っ青になって、ブルブルと震えました」[27]という。思考する主体(コギト)が存在するというとき、その「われあり」の次元はなにか具体的な場所ではない。具体的な場所はその実在性を宙づりにされている。だとすれば「思わず」ブルブルと震えているのは身体ではなく、この思考自身の震えなのだろうか。

この場合、狂気じみた思考の主体(われ思う)は、特定の誰かを殺害するという動機を疑わしいものと見なし、その疑いのただなかで、もはや誰でもない誰かを殺すような場所に自分が存在すること(「われ在り」)を確信するしかなくなり、そのことに震えているのだろうか?……そんな問いがたまたま屋根裏というかたちを取った無差別的な空間をよぎる。だが、思考の主体(コギト)が存在するのは、具体的な場所——それは身体と同様に疑いうる——ではなく、神の見守りが担保する自己準拠的な表象の空間のなかである。しかしこの狂気じみた思考の主体には神がいない。この思考はむしろ飢えたように世界を、そして自身の実存を求めている。もしそうとすれば、この思考は表象の空間を抜け出し、具体的に実存するという、目くるめく可能性に震えているのかもしれないが、この問題はそう簡単には予断を許さないだろう。

5　横溝正史の移動と定住

乱歩の移動、正史の定住

はじめに西洋の二人の哲学者の思考の差異を「定住と移動」というかたちで眺めてみたが、江戸川乱歩と横溝正史という二人の探偵小説作家についても「定住と移動」という観点から考えてみると、一体、何が見えてくるだろうか。二人の作家は、近代の人間の孤独な行動や性癖と、彼らが住む空間（住居・場所〔村・町・都市〕・社会）との関係をどのように見ていたのだろうか。乱歩はいま述べた作品で彼の観察の一部を表現している。それでは横溝正史（一九〇二～八一）はどうだろうか。まずは乱歩との対比で、正史の抱えた問題を追っていくことにしよう。

東京への定住という視点で眺めた場合、二人の作家は東京の外部から上京してきた人物である。大摑みにいうと乱歩は名古屋の出身であり、正史は神戸の出身である。彼らは日本の故郷として描かれる地方の町や村から上京したのではなく、近代的な消費文化や政治経済の中心地だった大都市から東京へやって来た。だが、彼らの両親との関係でみると、乱歩の場合、名古屋の背後には、彼が生まれた三重県名張町の風景もある。正史は神戸市東川崎の工場地帯で生まれたが、その背後には、父母が出奔した岡山県浅口郡柳井原村の習俗の現実がある。また両者に共通の経由地として、乱歩が早稲田の大学部を卒業して就職した貿易商があり、正史が通った大阪薬学専門学校があった、大阪という都市がある。両者は大阪の文化圏で知り合い、職業作家になる過程では大阪での活動を経由して東京に向かったことになる。彼らの移動の足跡は大筋で次のようになる。

乱歩：（三重県）……名古屋→朝鮮→東京→大阪→三重県→東京→大阪→東京
→福島県→東京

正史：（岡山県）……神戸→東京→長野県→東京→岡山県→東京

この移動の図式で傍線を施した場所は、彼ら本人の積極的な意志による移動の結果ではない。乱歩の場合は、朝鮮・馬山への移動は倒産した「父の事業」が原因であり、福島県への移動は戦時中の「疎開」のためである。正史の場合、長野県への移動は肺病の「転地療養」のためであり、岡山県への移動は戦時中の「疎開」による。

比較すると、右の図式以外の移動も含めて、より複雑に、また頻々と移動しているのは乱歩のほうである。乱歩は職を変え、身分を替え、就職・失職のためなど、東京〜大阪間の移動が少なくない。乱歩には朝鮮から早稲田の予科に入るため上京するという長距離移動の経験もある。しかも、東京で作家として成功したあとも、仕事に行き詰まると都内で「蒸発」したり、執筆を「休業」して旅に出たりもする。なかでも重要な旅は、大阪の貿易商を一九一七年に失職したあと、伊豆の温泉で谷崎潤一郎の『金色の死』を読んで感銘を受けるなどした長い放浪の旅と、[28]二七年に休筆し、富山県魚津町に立ち寄って『押絵と旅する男』の着想を得たという旅だろう。

横溝正史の場合、自発的で積極的な移動は一九二六年の「神戸→東京」の上京であり、同年六月に博文館に就職している。(29) この移動にも乱歩に唆《そそのか》されたという面がある。乱歩は外交的にみえるが、旅や移動の多い人で、家にいても土蔵という密室のなかで仕事をするように、孤独な〈われ思う、故にわれあり〉の人である。他方、正史はずっと定住的な人物にみえる。長野県上諏訪への移住は転地療養のためであり、岡山県吉備郡岡田村に住んだのは空襲の被害を避けるためだった。

それゆえ正史は上京以降、基本的には東京に住んでいる。戦前ではまず一九二七年一月の結婚の頃から三三年五月の大喀血のあとまで小石川区小日向台町に住んでいる。(30) 同年夏に小日向台を引き払い、長野県富士見診療所に入院して三か月を過ごす。そして一九三四年七月に上諏訪へ移住する少し前から中央線の吉祥寺に住むようになり、彼の代表作『鬼火』(一九三五)の構想は吉祥寺の家ではじまったという。(31) 一九三九年十二月に彼はようやく帰京し、また吉祥寺に住むようになる。戦後は、一九四八年八月に疎開先から戻ると、小田急線の成城学園前に住むようになる。長野県軽井沢に別荘をもつが、その人生では成城の町に最も長く住んだことになる。正史は、運命的な病との関係で、また仕事との関係でも「実用的な見地」に配慮することで定住の人になったといえよう。

運命の病と定住の人

十八世紀の東プロイセン、ケーニヒスベルクの町に住むカントには「船酔い」の経験があり、「船旅」の場合、視界の揺れのくり返しが「想像力」(Einbildungskraft) のはたらきを介して体調に異変をもたらすという。(32) 他方、横溝正史には「閉所恐怖症」があり、それと結びつくように「乗り物」恐怖症となっている。「閉所」を嫌うのは肺病の治療のため、新鮮な空気のある、開放的な、広い空間を求めたからだろう。正史はあるインタビューで次のように述べている。

外にあまり出ないのも一つには、このためなんだ。富士見診療所にいた頃、ずっと広い部屋で窓をあけ放った開放生活を送っていただろう。それが習慣になって、窓をしめきった狭苦しいところがいやになったんだね。ところが、乗物というのは一番それなわけだろう。だからなんだ。一種の閉所恐怖症という奴なんだろうな。[33]

横溝正史の乗り物恐怖症については、長男の横溝亮一が「吉祥寺から後楽園球場にプロ野球を見に行った時も、途中で二回も三回も降りるものだから、まっすぐ行けば三十分で着くのに、二時間かかるんですよ」と述べていて、長女の宣子も「父は（成城学園前駅から）新宿まで電車で出かけるのも、各駅停車じゃないと駄目なんです。急行だと駅を飛ばすから怖いんですね。私がついていきましても、乗って、グーンというモーターの音がしだすと、怖くなって降りちゃう。それからてくてく経堂まで歩いて、その道でまたお酒を飲んで、その勢いで出かける[34]」と語っている。

正史は、戦後、疎開先の岡山県から東京へ戻ると、世田谷区の住宅街に住むようになる。彼は海野十三の援助も得て、小田急成城学園前駅のほど近くに六百坪の敷地をもつ家に住むようになる。雑誌『キング』（講談社）の編集者だった斎藤稔によると、この家は正史の「捕り物帖」を出していた杉山書店の杉山三郎が見つけてきたという。[35]

だが、この住宅街を選んだのも、「喀血」の症状につながる肺病との関係を考えると、広々とした敷地や、またそのような広い敷地をもつ家々からなる、見晴らしのよい高台の町——砧台地のうえにあり、野川崖線の内側にある——を求めたからだろう。東京の近郊で私鉄の最寄り駅に近く、彼の生活条件にあう町は成城以外にはあまり考えられず、まさに「実用的」な選択の結果といえよう。成城のまちで迎えた最初の正月（一九四八年一月）を振り返り、正史は次のように述べている。

昭和二十三年、疎開先より成城のこの十風庵へひきあげてきて以来、今年はじめて私は、寝床をはなれて正月を迎えた。

それまでは毎年、前年の暮れに赤いものを喀《は》いて、正月は寝床で迎えるという始末、

元旦やひげも剃らずに床雑煮

と、いうわけであった。(36)

横溝正史は「喀血」——乱歩の場合は「蓄膿」で悩んだが——に見舞われても、いつしか、赤いものをそう恐ろしいとは思わなくなったようにみえる。だが、喀血・喀痰が止まるまでは、絶対安静となるので、連載の原稿が書けなくなり、その結果、休載となるのには「参った」と洩らしている。喀血は「休養」の指示とも取れるが、それが「一種の安全弁」というか、危険信号になるほど沢山の仕事を——たとえば同時に七つの連載を——彼は抱え込んだのである。

6 横溝正史と見晴らしのよい空間

金田一耕助の誕生――あるいは見晴らしのよい空間

成城の家の庭に、横溝正史は二十坪ほどの別棟の平家（書斎）を建てることになる。この書斎の平面図は長方形をしていて、庭側の和室は二間並びでその一つに執筆机がある。和室側と背中合わせになる側には洋室があり、こちらは書庫となっている。和室側は廊下を介して広い庭に面している。この廊下と庭は硝子《ガラス》戸で仕切られているので、和室側は正史らしい「開放的」な空間になっている。この点、乱歩が広い池袋の家に住みながら、自分は「密閉空間」である土蔵を書庫兼書斎とし、そこを幻影の根城にして執筆生活をしていたのとは対照的である。

正史が岡山に疎開したときにも、彼が寄寓した家は、田圃の広がりのなかではごく緩やかな斜面の上のほうに立っていて、開放的で、風通しのよい構えをしていた。その場所で〈金田一耕助〉という明るい人柄の探偵が物語のなかに誕生したのだから、正史の宿痾ともいうべき肺の病は、同時に、戦後の彼の活躍を最も際立たせる人物の創造につながったといえようか。乱歩は一九四七年十一月に正史の疎開先の家を訪れるが、そのときのことを次のように書き記している。

横溝君の寓居《ぐうきょ》は広い田圃《たんぼ》を見はらして、屋根つきの黄色い土塀を囲らしたなかなか立派な家、自動車の音を聞いて主人をはじめお嬢さんや広島から先着していた鬼怒川浩君が飛び出して来る。奥さん、上のお嬢さん、中学五年の亮一君、小学初級の可愛らしい末のお嬢さん、みんなと懐かしく久闊《きゅうかつ》を叙《じょ》する。夜は西田、鬼怒川両君と床を並べ、隣室の横溝君とは頭のところだけ襖をあけて寝ながら話す。横溝君と私は朝の五時まで話していた。(37)

このとき乱歩も、正史が住んでいた家の感覚――見晴らしのよさ――に印象づけられている。そしてこの家には、鍵ではなく、「襖」の開け／閉めがあり、乱歩訪問の夜、頭ひとつ分の会話の場が「襖」の敷居越しにひらかれ、この場所なき場所で、話は朝の五時まで続いたという。二人とも空襲の時代を生き延びて話ができることの感慨が深かったと思われるし、戦前・戦中に抑圧を受けた探偵小説の、新しい時代の始まりに思うところは尽きなかったのだろう。このとき乱歩五十三歳、正史四十五歳である。

この明るく見晴らしのよい空間は病との関係と背中合わせだった。実際、喀血という劇的な赤いものが意味するのは、休養と安静、作家機能の停止という不安と無為の空間に落ち込むことである。だがこの病と表裏をなすように、飄々として透明感のある探偵が現れる。この探偵は別の意味でだが劇的な赤いものを浴びる人間たちの境へ入り込み、犯人の冷たい情念によって穢された空間を浄化する。復讐の女神が苛烈な正義の均衡を取り戻すとすれば、この探偵はむしろ情念の空間に真実の透明な奥行きを取り戻させる。この探偵は淡々と事実の仕組みを解明するが、大事なことはたんに犯人を特定することではない。重要なのはむしろ、情念の水準にある有無をいわせぬ出来事を、事実の水準にある出来事として理解可能なものとし、偶然が混入する蓋然性の空間へと平行移動させることにあり、そこにこの探偵の恐ろしさと優しさがあるように思える。

もう一つの見晴らしのよい空間

探偵、金田一耕助の物語は岡山県での作品だけでは終わらなかった。それは東京へ来てからも書き続けられた。他方、横溝正史が東京都世田谷区に造成された人工的な分譲地で入手する新しい住居も、自然の地形をみると、岡山県吉備郡岡田村で彼が借りた田圃のなかの家と共通する基盤をもっていたことがわかる。もちろん、田園都市と田園とのあいだには大きな落差があるように、東京近郊の近代的な設計のもとでつくられた住宅街と、日本の習俗の色濃い田園地帯の村落とでは、人の住まい方はまったく異なっている。だが、横溝正史は彼の病との関係で、そこに同じような空間の構造を見ていたように思える。

仮に日本社会の推移を、①「十五年戦争」(一九三一年に始まる満州事変から敗戦まで)の時代、②「戦後復興期」(GHQの改革と価値転倒)の時代、③「高度経済成長」(一九五五年体制の成立から七一年のドル・ショック/七三年の石油ショックの頃まで)の時代に分けてみると、横溝正史は、②の高度成長の時代の前半期(一九六四年オリンピックまでの頃)に、成城のまちとその周辺域の「民俗誌」とでも呼ぶべき一連の作品を書いている。「毒の矢」(五六年一月)、「黒い翼」(五六年二月)、「支那扇の女」(一九五七年二月)などがそうであり、彼はそれらの執筆のあと、一九六〇年十一月から翌年十二月にかけて長篇小説『白と黒』を共同通信系の新聞に連載している。(38)

『白と黒』の冒頭には、横溝正史自身を思わせる「詩人」のS・Y先生が登場し、成城のまちが位置する砧台地（K台地）のいわば「自然地理学」について次のように語っている。

いまS・Y先生と愛犬カピが立っている、K台地のその一画は、以前はご料林だったそうである。それが戦後付近のひとびとに払い下げられて、ご料林は切りはらわれ、そのあといちめんに、麦畑やオカボ畑、あるいは芋畑ができあがっていた。それをまたちかごろ某財閥が買いあげて、ホテルを建てるの、学校を立てるのと、さまざまな噂が立っている。しかも、その時期もちかいのか、この春までよく耕されていたそのへんいったい、農民たちが手をひいたとみえ、草ボウボウといちめんの荒廃地になっている。

……

K台地もいまS・Y先生と愛犬カピが立っているあたりで、大きな断層をなしており、台地の裾から西へかけてむこう一面、多摩川の水を引いた水田や、水田のあいだを点綴《てんてつ》する、武蔵野の防風林が散在している。そして、それらの水田や防風林のはるかむこうに、多摩の流れが帯を引いたように薄白く光っている。(39)

高度成長期の前半の時代、成城のまちがある砧台地から多摩川にかけての風景は、大きく見ると、日本の田舎の風景と変わらない趣《おもむ》きをもっていたことが窺える描写である。

だが、よく見ると重要な違いもあり、それはS・Y先生の眼前にみえる「荒廃地」が象徴するように、高度成長に伴う都市化と開発の波が急速な勢いで押し寄せていたことである。それはすでにS・Y先生が眼下に眺める近場の風景を変貌させていた。そこには「日の出団地」と呼ばれる高層のアパート群が出現していたからである。S・Y先生の立っているK台地と、この二十棟もある団地との中間には「帝都映画」のスタジオがある。事件はこの構図のなかで起こるが、この構図のなかの空間には、そこに住む人間の戦争の時代にまで遡る「過去」が嵌入している。

しかし、同時期の松本清張の作品――『ゼロの焦点』（一九五七～六〇）や『砂の器』（一九六〇～六一）[40]――とは違い、『白と黒』における事件の核心は「現在」の変貌する構図それ自体のなかにある。『白と黒』では、「過去」は重要に見えても、実は一種のエピソードや目晦ましのような役割を担うものとなる。「現在」の構図の中では、確かな底面のない恣意的な殺人があるだけであり、「過去」との関係は、この恣意性のうえに囮《おとり》として被《かぶ》せられた見せかけの必然性にすぎない。過去の時間から伸びる暗い必然性は事件の正面に存在するように見えながら、事件自体はそれを隠れ蓑にして捜査の視界を逃れていたのである。

横溝正史の『白と黒』では、清張の『ゼロの焦点』や『砂の器』のように過去の探究から成立する「緋色の研究」型の探偵小説が失効し、宙づりになった「現在」の姿が浮かび上がる。それは正史が社会派推理小説の現代性に突き付けた大きな疑問符でもある。『白と黒』の構図が逆照射しているのは、社会派推理小説の現代性が、じつは現代性そのものの深刻さを忘れることで成立していることである。すなわち、清張がその代表作で提供していたものは、現在の時間を過去の時間に結びつけ、投錨させることによって、現代の実相に対する捉えどころのない不安を忘れさせ、宥め、慰める「寓話」的機能にすぎない。社会派の物語とそれを受容する意識は、過去からの必然性の「糸」(fil)が現在にも切れることなく繫がっており、その糸に沿って過去からの必然性を追って行けば、事件は必ず解決するという、寓話的な構図のもとで微睡《まどろ》んでいる。まさに「人間学的な錯覚」のなかの心地よい眠りといえよう。

7 空間の作法を考える

書くことと空間の作法

金田一耕助の探偵物語は日本の習俗的世界を事件の舞台として出発したかのように見える。金田一の物語は岡山県の疎開先で書きはじめられたのであり、『本陣殺人事件』(一九四六)や『獄門島』(一九四七〜四八)がそうであると。だがそうすると、東京都世田谷区の端に移住しても、この物語のシリーズが書き続けられた理由はどうなるのか？　それは必ずしも出版社や市場の需要だけに尽きるものではない。またそれ以外の理由として、横溝正史の病状と乗り物嫌いから、彼が成城のまちに閉じこもり、「仙人のような生活をしている」(41)ので、東京へ戻っても、実際の生活環境は何も変わらなかったからだろう――そう考える人がいるかもしれない。

だがこの見方では、正史は疎開先で摑んだ「書くこと」の作法をそのまま東京に持ち込んだのであり、東京でも「閉じこもり」の生活を続けたために、疎開先で発見した素材を反復して描き続けたのだという結論になりかねない。これでは疎開先が原点になり、東京はたんにその反復と延長の場所となる。また、書かれた物語の内容も地方の習俗的世界へと一面的に還元されかねない。

しかしながら、重要なのは「書くこと」を正確に捉えるための距離と遠近法を確保することにある。たとえば、金田一の活躍する中・長篇の探偵物語を見ると、習俗的な定住の世界を舞台にしながらも、漂泊民や都市社会の影響がいつも事件の核心に憑きまとっている。むしろ村落のゲームと都市のゲームが交錯することから事件は起こってしまうのである。

しかも、日本の習俗的な世界はそれほど緊密に閉じた空間ではない。それはさまざまな異人に通過されるだけではなく、都市との経済的・文化的な関係に鋭敏な社会である。地方の習俗秩序は都市という不安な社会との関係を内部にくり込みながら存立しているからである。また、都市や異人に開かれた部分を多様なかたちで保持しているからである。

それゆえ、正史の描く探偵物語は地方の農山村の習俗的な現実だけから成立しているのではない。それは都市からの視線で構成しなおされている。事件を解明する「探偵」（金田一耕助）は東京に拠点を置く人物の視線で習俗の世界を見ているし、「語り手」（事件を記述する人物）はこの探偵の視線を介してまとめられた資料や話をもとに語っているからである。この両者の思考や感受性は事件が起こる習俗秩序の外部に位置していて、戦後社会が目覚めることを許された人間学的な普遍性を——黒澤明の映画『羅生門』（一九五〇）のように——志向している面が少なくない。

生まれた時から都市生活者だった横溝正史にとって、二年半ほどの疎開先での田舎暮らしは特異な時期でもある。彼は疎開の直前まで、成城学園前の家に比べると敷地は小振りだろうが、吉祥寺の立派な住宅街に住んでいた。この住宅街の家はみんな生垣で囲われていて、彼の自宅の向かいは一橋大学の教授で著名なマルクス経済学の研究者の家であり、その隣には陸軍大将という当時の支配層の家があった[42]。正史の「書くこと」を支える重要な枠組みはこうした都市定住者の視線と肺病を患った人間の感受性からなり、これらの要素は疎開による移動の以前でも以降でも、ほとんど変わらない。この思考と感受性の型からすれば、疎開先はすべての原点というよりも、重要ではあるが、通過点だったと考えられるのである。

移動で変化するもの、そして移動しないもの

このように考えると、横溝正史の「吉祥寺（定住）→疎開先（仮寓）→成城（定住）」という移動のベースには東京への定住者という生活意識があり、この生活意識が移動の過程で経済的にも文化的にもほぼ連続していたと考えられる。実際、疎開先でも、東京の出版社や作家との連絡・交信は頻々とあり、ローカルなモダニズムや有識層との関係もあったのである。父方の縁故があったとはいえ、彼はある面で民俗学者のように他者として疎開先の社会に入り込んで、その文化を観察していたともいえる。正史は金田一耕助の探偵物語を具体的な場所としては疎開先で書きはじめたが、彼の作法としては、「東京への定住者」という、疎開先の空間から自立した思考の主体（われ思う）の位置に存在し、その場所なき場所から書いていたのである。

正史は疎開先へ移動し、多くの新しい経験をしたが、だからといって、彼の生活意識や「書くこと」を支える枠組みはそう変化したわけではない。しかしながら、移動による生活の変化は彼に

「見晴らしのよい空間」を手に入れさせたことも事実である。この風通しのいい「広やかな空間」がなければ、探偵・金田一耕助が生まれたかどうかは分からない。

たしかに、習俗社会の秩序の観察は、正史の探偵小説作家としての生命の根幹にあった「論理」の概念に影響を与えたといえる。戦前期の「探偵小説の簡便化」(一九三五)では、「論理」は単純に形式化可能なパズルの水準にあり、人格は完全に記号化される匿名の水準で考えるという立場が示されている。(43) この形式化への意志は正史のモダニズムの一形態だろう。だが同時に、彼は幻想的で耽美的な作品を書いており、「クロスワード式探偵小説」の未来には悲観的だった。(44) 正史のモダニズムはそれ自身のロマンティックな外部を想像してやまなかったのである。

しかし、戦後最初期の正史の短篇作品が示すように、習俗の実用性に対する彼の観察は、ロマンティシズムの想像(幻視)に浸るのではなく、習俗を規則として、「論理的な必然性」として思考することを促したといえよう。疎開先の経験は、彼の探偵小説の「論理」がその形式的な条件と同時に、習俗の必然性を動かしている実際的で実用的な思考の規則をみたすことを求めさせたのである。田舎の人間は都会の人間が想像するほど純朴ではなく、むしろその逆でもあるとすれば、彼らの習俗にひそむ実用的な思考の体系を知らなければならない。探偵物語は犯行の時空を規制する「形式的な論理」のトリックを創作するが、それは犯行の必然性を分泌する「実用的な思考」の規則と均衡する地点で成立する必要がある。

このように「書くこと」の感覚を確かめながら、『本陣殺人事件』は書かれたといえる。それは彼が疎開して一年近くを経た頃のことである。この小説の物語内容から日本家屋を用いた「密室殺人」だけを取り出せば形式的なパズルの論理しかないだろう。だが、このパズルの小片の組み合わせを必然化するのは習俗の論理であり、その実用的な思考の体系である。『獄門島』でも、冷酷な「童謡殺人」の恣意性は習俗の論理をきっかり実現しようとする思考――決して一個人ではなく、集団の共同幻想を体現する思考――を動機としている。

この二つの作品（と他の多くの作品）を書いたあと、正史は疎開先を引き揚げる。だがこのとき、彼はたんに東京へ移住したわけではないし、また吉祥寺に戻ったわけでもない。彼は東京近郊の住宅街のなかでも、金田一耕助という想像力の形式を浮かびあがらせた、岡山県吉備郡のあの農村の家の立地と本質的な点では〈等価な立地〉をもつ場所――砧台地のうえにあり、小田急の成城学園前を最寄り駅とする広い土地の家――に移り住んだからである。

二つの見晴らしのよい空間がもつ「立地の等価性」は、主として、正史が運命的な病を抱えながら生きるための彼の「空間の作法」が――他人の媒介があったとはいえ――発見したものといえよう。この「空間の作法」からみたとき、東京（成城のまち）／地方（岡田村字桜）の二つの立地はトポロジカルには近似した自然の形状を持っていたのである。だが、「見晴らしのよい空間」も疎開先が原点ではなく、長野県富士見高原や上諏訪への療養生活を経て求められたものである。上諏訪の湖柳町は諏訪湖のごく近くにあるが、やや閉じた市街地でもある。正史の逝去ののち、成城にあった彼の書斎の建物は山梨県山梨市の丘陵に移築されたが[45]、甲府盆地が眼下に湖のように広がるこの場所はやはり見晴らしのよい場所である。正史は中央線で東京から富士見高原での診療の行き帰りにこの笛吹川の流れる辺りで下車し、散歩したことがあるという。

空間の作法と運命的なもの

このような空間の作法は正史のたんに恣意的な選択によるのではない。それは彼が背負った運命的な病の裏返しであり、生きていくために、是非とも対処しなければならない必然性のなかで生まれたものだった。この病を運命的というのは、正史が少年の頃、彼より三歳上だった兄の横溝五郎が若くして同じ病で死んでいった事実があるからだ。正史はそれを次のように振り返っている。

当時にあっては肺病は不治の病いとされていた。宜一郎〔正史の父：引用者注〕には親しいつきあいの医者があったけれど、めったに顔を見せなかった。転地させるには家が貧しすぎたのでもあろう。いま思い出してもこの五郎に感心するのは、役者志望に挫折したという告白以外には、いちども愚痴らしい言葉をきいたことがない。両親の非を鳴らしたこともなかったし、歌名雄〔母違いの兄：引用者注〕の薄情を罵《ののし》ったこともなかった。といって、わい、早く死んでしまいたいなどとヤケッ八を起こして、看病人の私を梃子《てこず》摺らしたこともいちどもない。ただ黙って死を待っている姿だけがそこにあった。(46)

正史自身も上諏訪・湖柳町時代の作品を読むと、彼（とその夫人）がこの病でどれほど苦闘したかは想像に難くない。「上諏訪三界」（一九三七）には世間から嫌がられる病を抱えた父と、健気な妻と、優しい子供たちの切ない風景が描かれている。東京へ戻ろうとしては、上諏訪の地に「なにかしら心ひかれるものがあって」と言いながらも、病との関係でその地を離れられなかった事情を、正史は次のように書きしるしている。

今年の夏も水谷隼と妹尾韶夫氏をせきたてて、散々借家探しに骨を折らせながら、ある、人にいえない理由から、また暫くここに居坐ることにきめて、あやまってしまった。この分だと、いつになると、東京へ帰れるようになるか自分で、自分が信用出来ない状態なのである。(47)

時代は変わるが、正史の晩年の時期に書かれた『迷路荘の惨劇』(一九七五)には、登場人物の一人が「時刻」を人一倍気にする、次のような記述がある。(48) だが、この人物が「時刻」を異様に気にするのはなぜか?——彼は「そうとうひどい肺結核を患った」ことがあるからである。

結核は国民病といわれるほど感染が一般化したが、まだストレプトマイシンのように重宝な薬がなく、たとえば郊外の台地の上にある広やかな田園住宅地のように「新鮮な空気と栄養と安静によって克服するよりほかに療養の途《みち》はなかった」時代があった。右の人物は「信州の高原療養所に三年閉じこもって、規則正しい生活と非常に強い意志をもって、その病気を克服した」のだが、「そこではなにもかもが時間によって縛られていた」という。彼は「きびしい日課を作成し、ばんじその日課によって行動することを自分に課した」のである。この経験から、彼には「入浴時以外、腕時計をぜったいに手放さないという習慣」が身に着いていた。だがこの習慣的な事実ないし規則性の破れ目が事件の謎を解く過程で手掛かりの一つになる。正史はこのように、作品のなかに彼自身の偏向の隠喩なのか、あるいは彼と同じ病の患者の傾向に対する観察を投影していたのである。

注

(1) Daniel Defert et al. (eds), *Michel Foucault: Dits et écrits*, t. 4, Paris: Gallimard, 1994, p. 529.

(2) Daniel Defert et al. (eds), *Michel Foucault: Dits et écrits*, t. 1, Paris: Gallimard, 1994, p. 14.

(3) Descartes, Discours de la méthode, in *Descartes: Œuvres et lettres*, Bibliothèque de la Pléiade, Paris: Gallimard, 1953; 1970, pp. 146-147.

(4) Geneviève Rodis-Lewis, *Descartes*, Paris: Calmann-Lévy, 1995; Paris: CNRS Éditions, 2010, p. 38, p. 41. ジュヌヴィエーヴ・ロディス＝レヴィス『デカルト伝』飯塚勝久訳、未来社、一九九八年、五〇、五三ページ

(5) René Descartes, Discours de la méthode, *Op. cit.*, p. 131.

(6) Immanuel Kant, Anthropologie in pragmatischer Hinsicht, 1798, *Immanuel Kant Werkausgabe*, Bd. 12, Frankfurt am Main: Suhrkamp, 1964; 1982, S. 400. カント著、坂部恵／有福孝岳／牧野英二編『カント全集』第十五巻、渋谷治美／高橋克也訳、岩波書店、二〇〇三年、一三ページ

(7) エンゲルハルト・ヴァイグル『啓蒙の都市周遊』三島憲一／宮田敦子訳、岩波書店、一九九七年、二二六—二二七ページ

(8) 小林道夫『デカルト哲学の体系——自然学・形而上学・道徳論』勁草書房、一九九五年、一二七ページ

(9) René Descartes, Meditationes de Prima Philosophia, in *Œuvres de Descartes, publiées par Charles Adams & Paul Tannery*, VII, Paris: Vrin, 1996, p. 25. ルネ・デカルト『省察』山田弘明訳（ちくま学芸文庫）、筑摩書房、二〇〇六年、四五ページ、所雄章『デカルト『省察』訳解』岩波書店、二〇〇四年、七六ページ

(10) René Descartes, Discours de la méthode, *Op. cit.*, p. 148.

(11) *Ibid.*, p. 146-147.

(12) René Descartes, Méditations, in *Descartes: Œuvres et lettres, Op., cit.*, p. 289.

(13) Jacques Derrida, *L'écriture et différence*, Paris: Seuil, 1967, note 1 in p. 90.

(14) Immanuel Kant, Vorrede zur ersten Auflage, *Kritik der reinen Vernunft*, 1781; 1787, Hamburg: Felix Meiner, 1956; 1971, S. 6.

(15) Michel Foucault, Foucault étudie la raison d'État, *Dits et écrits*, t. 4, *Op. cit.*, pp. 38-39.

(16) Gilbert Keith Chesterton, *Robert Browning: English Man of Letters*, London: Macmillan, 1903, p.175.

(17) Bernard Knox, *Oedipus at Thebes: Sophocles' Tragic Hero and His Time*, 1957, New Haven; Yale University Press, 1998, pp. 78-80.

(18) Michel Foucault, Le savoir d'Œdipe, *Leçons sur la volonté de savoir, Cours au collège de France, 1970-71*, Seuil / Gallimard, 2011, p. 245.

(19) 坂口安吾「処女作前後の想い出」『坂口安吾全集』第十四巻（ちくま文庫）、筑摩書房、一九九〇：一九九三年、五〇六ページ

(20) 葛巻義敏編『芥川龍之介未定稿集』岩波書店、一九六八年、四六ページ

(21) 同書四七ページ
(22) 森敏子「芥川氏の死の前後」、関口安義編『芥川龍之介資料集成』第一期第三巻所収、日本図書センター、一九九三年、二七二ページ
(23) 同書二七四—二七五ページ
(24) 江戸川乱歩『陰獣』（「江戸川乱歩全集」第三巻、光文社文庫）、新保博久／山前譲監修、光文社、二〇〇五年、五九四—五九五ページ
(25) 江戸川乱歩『屋根裏の散歩者』（「江戸川乱歩全集」第一巻、光文社文庫）、新保博久／山前譲監修、光文社、二〇〇四年、五〇七ページ
(26) 同書五一四—五一五ページ
(27) 同書五一五ページ
(28) 江戸川乱歩『わが夢と真実』（「江戸川乱歩全集」第三十巻、光文社文庫）、新保博久／山前譲監修、光文社、二〇〇五年、九七—九八ページ
(29) 横溝正史著、新保博久編『横溝正史自伝的随筆集』角川書店、二〇〇二年、一七三ページ
(30) 同書一八二—一八三ページ
(31) 同書二四二—二四三ページ
(32) Immanuel Kant, Anthropologie in pragmatischer Hinsicht, *Op. cit.*, S. 469.
(33) 横溝正史「ある作家の周囲（その一〇）」一九六二年、『悪魔が来りて笛を吹く』（「横溝正史自選集」第五巻）、出版芸術社、二〇〇七年、三五〇ページ
(34) 高松宜子・横溝亮一・野本瑠美／浜田知明「父・横溝正史を語る」、横溝正史『八つ墓村』（「横溝正史自選集」第三巻）所収、出版芸術社、二〇〇七年、三六〇—三六一ページ

(35) 斎藤稔／浜田知明「『犬神家の一族』連載の頃」、横溝正史『犬神家の一族』(「横溝正史自選集」第四巻）所収、出版芸術社、二〇〇六年、三三八ページ
(36) 横溝正史「十風庵鬼語」一九五二年、前掲『横溝正史自伝的随筆集』二六〇ページ
(37) 江戸川乱歩『探偵小説四十年』下（「江戸川乱歩全集」第二十九巻、光文社文庫）、光文社、二〇〇六年、二七八ページ
(38) 中島河太郎「解説」、横溝正史『白と黒』東都書房、一九六一年：角川書店、一九七四年、五三一ページ
(39) 横溝正史、前掲『白と黒』六ページ
(40) 平野謙「解説」、松本清張『ゼロの焦点』（新潮文庫）所収、新潮社、一九七一年、四〇九ページ
(41) 横溝正史、前掲『白と黒』五二〇ページ
(42) 高松宜子・横溝亮一・野本瑠美／浜田知明「父・横溝正史を語る」、横溝正史『獄門島』(「横溝正史自選集」第二巻）所収、出版芸術社、二〇〇七年、三〇〇―三〇一ページ
(43) 横溝正史「探偵小説の簡便化」一九三五年、『横溝正史探偵小説選Ⅰ』（論創ミステリ叢書）、論創社、二〇〇八年、四八七―四八八ページ
(44) 横溝正史「クロスワード式探偵小説」一九三三年、同書四六五ページ
(45) 山梨県山梨市江曾原一四一一―六：「横溝正史館」（笛吹川フルーツ公園隣接地）。
(46) 前掲『横溝正史自伝的随筆集』二六―二七ページ
(47) 横溝正史「上諏訪三界」一九三七年、前掲『横溝正史探偵小説選Ⅰ』五〇九ページ
(48) 横溝正史『迷路荘の惨劇』東京文芸社、一九七五年：角川書店、一九七六年、三一七ページ

第２章　建築家が帰る場所

――丹下健三と成城のまち

磯　達雄

はじめに

丹下健三は戦後日本を代表する建築家である。その作品は、日本国内各所に散らばるだけでなく、世界中に実現している。その丹下は、成城に自らの設計で自邸を建て、そこに住んでいた。本章では、その丹下自邸について考察して丹下と成城の関わりを紹介する。

1 建築家・丹下健三

丹下健三は一九一三年に大阪府堺市で生まれたが、銀行員だった父親の仕事の関係で間もなく中国・上海に引っ越す。そして七歳のときに愛媛県・今治へと移り住み、少年時代をそこで過ごした。後年の自叙伝『丹下健三』(1)では、今治城の城跡公園で遊んだ思い出を振り返っている。

広島の旧制中学を経て、東京帝国大学の工学部建築学科に進学。一学年上には詩人として名を成しながら早世した立原道造がいて、交流をもった。卒業設計の最優秀作品に与えられる辰野賞を受賞して卒業すると、ル・コルビュジエのアトリエから日本に帰り、設計事務所を開いていた前川國男のもとで短い期間だが働く。

戦後は東京大学の建築学科に戻って助教授を務め、新しく都市工学科ができるとその教授に就任した。その一方で建築の設計活動も盛んにおこなう。広島では原爆の爆心地近くに平和を祈念する広島平和記念公園（一九五五年）を手がけ、清水市、東京都、倉吉市、香川県などでは、地方自治のシンボルになる庁舎を設計している（一九五四年、五七年、同年、五八年）。また一九六〇年には、東京の過密化を抜本的に解決する方法として、海上に都市機能を伸展させていく「東京計画一九六〇」という大胆な都市デザインの提案もおこなった。

一九六〇年代になるとさらにその存在は重みを増す。六四年の東京オリンピックでは、メイン会場の一つである国立代々木競技場を、美しくも豪快な吊り構造の屋根で実現。そして七〇年の大阪万博では多数の建築家を率いて会場計画を担当し、未来都市を先取りしたようなお祭り広場の設計もおこなった。第二次世界大戦の敗戦国が再び世界で認められ、高度経済成長を経て先進国へと仲間入りしていく戦後の日本で、二つの重要な国家的祭典でどちらも建築家として中心的な役割を果たしたのである。

またこれらのイベントを通じて丹下は国際的な評価を獲得し、アメリカ、フランス、イタリア、シンガポール、ナイジェリアなど世界各国から設計の依頼が舞い込むようになる。アメリカ建築家協会ゴールドメダルやプリツカー賞といった海外での権威ある建築賞を、日本人建築家としていずれも初めて授与されている。

丹下は、戦後の日本で国家にふさわしい形を建築家として作り上げ、そして日本を代表して世界で活躍した最初の建築家だった。

2 丹下健三と成城との関わり

丹下と成城の関わりは、戦中期に始まっている。きっかけは建物疎開だった。自叙伝『丹下健三』には、このように書かれている。

当時、私は成城に住んでいた。前川建築設計事務所にいたころ、四谷の木造アパートの設計を担当したが、出来上がると自分も住みたくなり、しばらくの間はそこに入っていた。同じアパートに松村さんという若いご夫婦がおられたが、夫人三冬さんは画家の石井柏亭先生のお嬢さんであった。柏亭先生には、大学の三年間、絵を習っていたというご縁もあってご夫妻とは特に親しくしており、アパートの強制疎開後、松村さんに誘われて成城に移り住んでいたのである。成城とは、その後ずっと縁が深くなった。(2)

丹下は終戦後間もない一九四七年に最初の結婚を果たすが、このときも成城に居を構えた。その経緯は結婚相手だった加藤敏子が証言している。

加藤　結婚して最初に住んだのが、父が買った成城の新しい家でした。昔、画家が持っていた家で、そこのアトリエで「広島平和記念公園」のコンペ案ははじまったのです。(3)

ここでふれられている父とは、加藤武雄のこと。この人物がまた、成城とは強い結び付きをもっている。

現在ではあまり知られていないが、武雄は大正末期から戦後復興期にかけて人気を得ていたベストセラー作家だった。武雄の文学碑が、彼の出身地である神奈川県津久井郡川尻町（現在の相模原市緑区）の城山湖畔にある。この碑の裏側には「設計 丹下健三」と彫られている。

新潮社に編集者として勤めていた頃に、武雄は会社から近い牛込区矢来町（現在の新宿区矢来町）に居を構えた。そして長男を、一九二〇年、牛込に開校したばかりの成城小学校に入学させている。翌年、三女の敏子が生まれた。

加藤家は、一九二五年、成城に新居を設けて引っ越す。成城を選んだ理由を『郷愁の人』は二つ挙げている。

一つは武雄が田園生活に憧れていたこと。当時、武雄は小説の連載をいくつも並行して抱え、一年に五点も六点も本を出版する売れっ子作家になっていたが、仕事に追いまくられる都会での生活にうんざりし、静かな郊外での生活を望んでいたという。

もう一つの理由は子どもの教育だ。武雄は澤柳政太郎による成城学園の教育思想に共感していた。学園が世田谷区砧に新しいキャンパスを作るのに合わせ、これを追いかけて学園の周りに分譲された新しい住宅地へと移ったというわけだ(4)。

武雄は、成城地域に暮らす住民による組織として一九二八年に始まった成城自治会の発足にも関わった。成城自治会は、住民相互の交流や防犯防災活動などをおこなうほか、良好な環境を育み維持していくための街作りのルール制定にも取り組んでいる。これに武雄は、成城高等学校の教師だった小原國芳や鍋直勇、民俗学者の柳田國男らとともに、発起人として名を連ねた。成城住民のコミュニティーでリーダー的役割を果たしていたからこそ、娘夫婦に同じ成城の住宅を手配して与えることができたのだろう。

しかし、丹下夫妻がこの家に住む期間はそれほど長くなかった。彼らに子どもができると、孫の誕生に喜んだ武雄は、今度は近くに土地を購入して与える。ここに建てられたのが、丹下の設計による自邸（一九五三年）だった。それは非常に斬新な住宅だった。

3 丹下自邸の敷地――築山を設けた庭

丹下自邸が建てられたのは成城六丁目である。成城大学の正門から西へ延びる現在の並木通りに面した一千平方メートル（約三百坪）ほどの敷地で、道を挟んで反対側には、柳田國男の家があった。

この敷地の選定に、丹下がどれほど関わったのかはわからない。だがこの敷地については、大変気に入っていたのではないか。前面の通りは小原國芳による計画で引かれた道路で、その方向は富士山に向けて定めたともいわれる。丹下にとっても富士山は特別な存在で、戦中の一九四二年に実施された「大東亜建設記念営造計画」の設計コンペティションでは、東京から富士山へと至る道路を設定して、そこにシンボリックな記念施設を提案した。高い建物が増えてしまった現在では難しいが、丹下が住んでいた頃には、天気がいい日には富士山を望んで満足していたことだろう。

敷地の広さは建物の規模に比してゆったりとしていて、南側に広い芝生の庭が取られている。敷地の周りに塀はない。塀の代わりに敷地外からの視線を遮ってくれるのが、有機的な形状で庭を緩く囲む築山だ。これは丹下が香川県庁舎でも用いた手法で、抽象的でありながらも変化があるランドスケープを生み出している。現在、この敷地には別の建物が建っているが、敷地には起伏があり、これは丹下自邸があった頃の築山の形を受け継いだものなのかもしれない。

写真1　丹下健三自邸　南側から見た全景　撮影：平山忠治
（出典：丹下健三／川添登編著『現実と創造――1946 - 1958』美術出版社、1966年、97ページ）

一九六六年に発行された丹下の作品集『現実と創造』には、敷地を空撮した写真が載っている[5]。これは丹下自身がヘリコプターに乗って撮ったとされている写真だ。これを見ると、建物の前に庭があり、その周りを鬱蒼とした樹木が取り囲んでいる。道路やほかの建物はまったく写っていない。

丹下は写真を撮るのが好きで、自らが設計した建物や旅行の際に訪れた有名建築を、自身のカメラで撮影した。雑誌に発表されたものを含む膨大なすべての写真がコンタクトシートの形で写真集『TANGE BY TANGE 1949-1959』[6]に公開されているので、それを確かめてみよう。

掲載された写真の前後には、自邸だけでなくさらに広く成城エリアを捉えた写真がある。これを見ると、当時の成城が建物よりも樹木が占める割合が圧倒的に多い、緑の町だったことがわかる。とはいうものの、丹下自邸の周りにもすでにそれなりの数の建物は建っていた。掲載された写

写真2　丹下健三自邸　ヘリコプターからの空撮　撮影：丹下健三
（出典：岸和郎／原研哉監修、豊川斎赫編著『TANGE BY TANGE 1949-1959——丹下健三が見た丹下健三』TOTO 出版、1966年、102ページ）

真の原版にもそれは写り込んでいるのだが、丹下によるトリミングの指示によって、画面から丁寧に排除されているのだ。

ここに丹下の意図が込められていることは明白である。ではなぜ、そうしたのか。一つの理由として推測できるのは、海外の住宅作品からの連想である。ル・コルビュジエのサヴォア邸（一九三一年）や、フィリップ・ジョンソンのグラスハウス（一九四九年）といった著名建築家による住宅の代表作は、いずれも林のなかにあるヴィラとして建てられている。そうした系譜に位置するものとして、丹下はこの自邸を示したかったのかもしれない。そんな可能性もありそうだ。

4 丹下自邸の建築的特徴1——ピロティ

丹下自邸の建築的特徴を見ていこう。木造の二階建てで、切り妻の屋根が載っている。一階はピロティとして屋外化され、柱と壁、そして二階へと上がる階段があるだけだ。

ピロティとは、建物の主要部を柱で二階以上の高さに持ち上げ、一階を周囲の地面と一体的に使えるようにする建築の手法である。これをル・コルビュジエは近代建築の五原則の一つとして、サヴォア邸などで採用した。

ピロティを採用した理由を丹下は次のように説明している。

なぜピロッ《(ママ)》ティにしたのかと一番多く聞かれるのであるが、また一番返事に窮するのもそこだといってよい。問う人によっていろいろな答えをしている。湿気の不快から逃れるためともいう。日本の古くからの住居をごらんなさいともいう。あるときは、盗難よけですよという。土人の家のようなものですよとも答える。(7)

要するに、地面からの湿気を遠ざけて快適な環境にするためともいえるし、泥棒が入ってこられないという防犯上の理由もある。高床式であることは、古来の日本がそうだったともいえるし、南

写真3　丹下健三自邸　ピロティから庭を見る　撮影：石元泰博
（出典：前掲『現実と創造』98ページ）

の島の集落に見られる民家みたいなものともいえる。このように丹下は、理由を一つに限定せず、複数挙げて煙に巻く。加えて、丹下は明らかにする。

> ここの住宅地には古くから塀や門を築くことはお互いに自粛しようという申し合わせがあった。それに加えて、ここは永いあいだ空地のまま、近所の子供の遊び場になっていたのである。私は、開放的な庭とピロッティにのったプライバシーのある住居ということを考えたのである。(8)

丹下の本当の狙いはこちらにあったと考えられる。半ば公共的な広場のようなスペースを、住宅でありながらもそこに設けようとしたのだ。実際、子どもたちはこの庭に自由に入ってきて遊んだという。またピロティには卓球台が置かれていたので、ピンポンをやりにくる高校生もいた。(9) この時代の住宅作品にピロティを採り入れた建築家はほかにもいるが、使われ方としてはカーポートや、せいぜいがアウター・リビングであり、これほど公共性を強調した例は少ない。

5　丹下自邸の建築的特徴2――日本の伝統とモダニズムの統合

さらにピロティには、外観を美的に整えるという意味もあった。その際に参照されたのが、日本の伝統建築である。特に桂離宮書院の床を地面から高く持ち上げたデザインを意識したことがうかがえる。

桂離宮は十七世紀に建てられた建物だが、モダニズムの建築家たちに早くから注目されていた。シンプルでありながら、プロポーションの美しさで見る者を引き付ける。そのよさは古建築であるにもかかわらずモダニズムの美学とも通じる。ドイツのブルーノ・タウトは一九三三年に訪れ、「涙ぐましいほどに美しい」と絶賛している。

海外からのこうした評価は、日本人建築家にとってもうれしいものだった。日本は明治維新後に西洋から様式建築を学んで作っていた後進国だったが、モダニズムではその美学に先んじていたということで、自尊心をくすぐられたのだ。

そして現代建築に日本建築の伝統を融合することを試みる。これをどのように達成するかについては、国会議事堂のコンペや東京帝室博物館（現・東京国立博物館）のコンペなど、戦前から議論が繰り返されてきた。一九五〇年代は再びこれが伝統論争の名前で盛り上がり、丹下もその渦中に

写真4　桂離宮　新御殿　撮影：丹下健三
（出典：前掲『TANGE BY TANGE 1949-1959』98ページ）

いた。丹下は桂離宮だけでなく伊勢神宮や厳島神社なども参照しながら、自らの建築作品を作っていく。それによって、機能主義に陥らない、美と象徴性を兼ね備えた建築を作り上げることができると主張した。

バルコニーを支える小梁を並べて寺社建築の軒裏のように見せた香川県庁舎（一九五八年）は、丹下による伝統表現の集大成だが、丹下自邸もまたこの傾向を代表する作品として挙げるべきものだ。

丹下は一九六〇年に発行された石元泰博の写真集『桂――日本建築における伝統と創造』（造型社）の制作に関わり、ヴァルター・グロピウスとともに解説を執筆している。このなかに収められている桂離宮新御殿の外観写真は、屋根が画面から切れていて、軒までしか写っていない。撮影には丹下も同行していて、そのときの丹下による写真をコンタクトシートで確認すると、同じやり方で何枚も撮影している。桂離宮にはもちろん立派な柿《こけら》葺きの屋根が載っている。それをトリミングすることで、陸屋根のように見せたのだ。

陸屋根とは水平な屋根のこと。前述のル・コルビュジエによる近代建築の五原則でも「屋上庭園」として挙げられたもので、モダニズム建築の顕著な特徴の一つである。防水をきちんとおこなえば、それまでのような重苦しい屋根を架ける必要はなく、屋上を平らにすればその上を人が活用できる。モダニズムの建築家たちはそう考え、実践した。それを桂離宮の写真は擬態した。

実は丹下自邸の設計でも、同じような操作がおこなわれている。木造の丹下自邸では切り妻屋根が架かっているが、瓦を載せたのは中央部だけ。周辺部は薄い金属材料で、屋根を薄くシャープに見せている。そして屋根勾配をできるだけ緩くすることで、庭から見たときには軒の線だけが目に入るようにし、屋根の存在を消している。まるで陸屋根であるかのような外観を実現したのである。

このように丹下は自邸の設計で、一方では日本の伝統建築の美意識を取り入れるとともに、もう一方では、モダニズム建築の手法を意識してそれをイメージさせている。両面からの操作によって、モダニズムと伝統は融合が図られたのであった。

6 丹下自邸の建築的特徴3――コアシステムと無限定空間

二階へと上がってみよう。住宅としての機能はすべてこの階に配されている。平面図を見ると、北側中央部に階段、台所、浴室、便所、納戸をまとめている。それ以外の床には、居間、食堂、書斎、寝室、子ども部屋などの機能を割り当てているが、それらはほとんどが畳敷きで、部屋を仕切

写真5　丹下健三自邸　書斎にしている部屋の南側　撮影：石元泰博
（出典：前掲『現実と創造』108ページ）

っている引き違いの建具を開ければ、全体がつながり広いワンルーム空間にもなる。

階段、エレベーター、水回り、設備シャフトをまとめて配置し、これに耐震要素を担わせるコアシステムの考え方がある。コアをまとめることで、それ以外の空間を開放的に、自由に使うことができる点がメリットになる。高層のオフィスビルなどで採られる平面の形式だが、住宅でも前述のフィリップ・ジョンソンによるグラスハウス（一九四九年）や、ミース・ファン・デル・ローエによるファンズワース邸（一九五一年）などでこれが採用されている。日本でも、池辺陽や増沢洵らがこの時代に手がけた。

丹下自邸もこれに連なるものと捉えることができるが、鉄筋コンクリート造ではなく、木造でコアを作った点に特徴がある。丹下は旧東京都庁舎（一九五七年）の設計でもコアシステムを採用した。庁舎やオフィスビルと住宅では規模がまるで異なるが、丹下という建築家の頭の中では、設計の原理に違いはないのだ。

畳を多用した点も、当時の建築家の住宅作品としては例外的だ。畳でのユカ座は日本の前近代的な住生活を象徴するものであり、イス座の空間に変えることが住宅の近代化だとして、建築家たちはこれに取り組んできた。

しかし、丹下はここで畳を使った。それは、モジュールの考え方によるものだ。統一的な寸法の体系を採ることで、美しい空間を自由に展開していくことが可能になるからである。また畳の上ではどのような活動も可能であり、障子や襖との組み合わせで、機能的に限定されないユニバーサルスペースを生み出せることも魅力だった。

そして丹下は、畳でありながらもその上にイス座用のチェアやテーブルを配するという大胆な解決策で、合理的な生活空間をも実現したのである。天井の高さや窓の位置も、椅子に座った状態での見え方を想定した設計だったという。

7　丹下自邸での日常生活

この自邸で、丹下はどのように暮らしていたのだろうか。加藤敏子の証言を引いておこう。

加藤　コンペのときや仕事が忙しいときは、家でピリピリしているときもありましたが、普段はのんびりしていて、穏やかな人でした。午後から学校に行って、夜遅くまで研究室にいることが多く、帰りは遅かったですが、朝はゆっくりでお昼頃まで寝ていることもありました。(10)

建築家としての丹下は妥協を許さない厳しさで建築設計にあたっていたが、家にいるときの丹下はまた別の面を見せていたようだ。

住宅としての住み心地はどうだったのだろう。丹下自邸に暮らしていた加藤敏子のインタビューを読んでも、この点についての直接的なコメントは少ない。娘の内田道子も、遊び場として楽しんだ記憶や、空間としての美しさは語るものの、住み心地についてはふれない。

家族以外の証言を調べてみると、剣持勇デザイン研究所の松本哲夫が、丹下が設計した熱海ガーデンホテル（一九六一年）に関するコメントのなかでふれている。

ガラスサッシュの手前にガラスと同じ大きさのＦＲＰが障子代わりだから、覗かれはしないわけです。（略）だけど、日が上がった途端に明るくなっちゃって、もう寝てられないのです（笑）。後で考えてみれば、「成城の家」もそうなんですよね。(11)

「成城の家」とは丹下自邸のことであり、この建物の見せ場でもあった透明ガラスの欄間が安眠を妨げる室内環境をもたらしていたことを明かしている。丹下はここで住宅を設計することに失敗したのだろうか。

これについては建築史家の藤森照信と、丹下の設計事務所で一九七五年から八六年まで働いた建築家の古市徹雄のコメントが興味深い。建築雑誌に掲載する写真を撮りにいったときのエピソードである。

藤森　テーブルに食器を並べようとしたら、家族分のワンセットしかなかったそうです。生活の日常を感じさせるものは何もない。〈丹下自邸〉のインテリアの写真がありますけど、あれが日常だと。何もないいんだって。（略）

古市　生活に興味がない。

藤森　うん、暮らすことに興味がない。[12]

はなから丹下は、住宅のなかで繰り広げられる私的な生活に関心が薄かったのだろう、という推論だ。

建築家には住宅を得意として数多く設計する人もいれば、ほとんど設計しない人もいる。丹下は明らかに後者であり、膨大な作品リストのなかで、戸建て住宅はほんの数件しかない。しかもメディアを通じて発表されたものは、この丹下自邸が唯一といっていい。

それはそもそも、住宅という建物タイプに関心が薄かったから、ともいえそうだ。

8　サロンやショウルームとして

日常生活以外では何がおこなわれていたのか。それは人と人との交流だった。丹下自邸には著名人が訪れていて、名前を挙げると壮観だ。「例の会」というグループを組んでいた同世代の建築家はもちろん、亀倉雄策、柳宗理、渡辺力、岡本太郎ら、デザイナーや美術作家も数多く訪れている。成城に住んでいた篠田桃紅とは家族ぐるみの付き合いがあったようで、この家の襖絵も彼女が描いた。またグロピウス、シャルロット・ペリアン、イサム・ノグチといった、海外からの建築家やアーティストももてなされていた。

そしてときには、結婚式もおこなわれた。東京大学の丹下研究室に所属して「東京計画一九六〇」などのプロジェクトに携わり、独立してからは群馬県立近代美術館、つくばセンタービル、ロサンゼルス現代美術館などを設計して世界的な建築家になった磯崎新も、ここで式を挙げている。仲人は丹下夫妻だった。庭にテーブルや椅子を出して、飲食を楽しんでいる様子が写真に残っている。

丹下自邸は住宅というよりもサロンであり、同時に、仲間や賓客に自分の建築思想を理解してもらうための展示空間だった、といえるかもしれない。建築家の宮脇檀も「ショウルーム」という言葉を使って、この住宅を評している。

それが丹下理論のショウルームであったから、壁量の少ないピロティが地震に弱くゆれにゆれ、欄間のガラスのためヒートロスが大きく、女中が廊下に寝るという生活性の薄い部分などには誰も言及する必要はなかった。たとえそれが観念そのものでしかなくても、とにかく実現できる限り実現してみせねばならない、建築家としての宿命であった(13)。

丹下自邸は住宅らしくない住宅であり、それはもしかしたら普通の人には住みにくい家だったのかもしれない。しかし、建築のことしか頭にない丹下自身にとっては、建築の原理が明快に現れたこの美しい空間にいることこそが安らぎだったのではないだろうか。

9 成城にあるもう一つの作品——ゆかり文化幼稚園

一九六七年、丹下一家は成城の丹下自邸から引っ越してしまう。住んだ期間はわずかに十五年足らずだった。

加藤敏子によれば引っ越した理由は、前の通りをバスが走るようになり、車窓から居住スペースがまる見えになってしまったからだという。初めは同じ場所で家を建て直すことを前提に、中庭を囲んで棟を「コートハウス」のように配置する案も考えたが、丹下が一九六四年の東京オリンピック以降、ますます多忙になったために、自分の設計事務所が入っている原宿のマンションへと居を移すことにした[14]。

丹下は成城を離れることになるが、ちょうど同じ年に、もう一つ別の作品が成城エリアに完成している。仙川を挟んで東側の砧七丁目にある、ゆかり文化幼稚園である。

敷地の高低差を生かした断面計画と複雑な形状の敷地を一体化した放射状の平面計画、その両面で優れているとともに、プレキャスト・コンクリートという構造部材の使用から技術的にも注目される建物だ。丹下の作品といえば都市のスケールに合わせたメガストラクチャーの建築というイメージが強いが、この幼稚園では、園児のための空間スケールが意識され、子ども用の小さな椅子までデザインしている。自邸とともに、丹下らしくない傑作ともいえる作品で、異色作が集まっているという意味でも成城は丹下にとって特別な場所だった。

写真6　ゆかり文化幼稚園　撮影：磯達雄

おわりに

丹下健三は戦後の日本で、国家を象徴する建築を設計し、未来の都市を構想するアーバンデザイナーだった。つまりは「大きなもの」を相手にしてきた建築家である。そうした主要な関心対象の対極にあるのが戸建て住宅や子どものための施設で、そうした設計例は数少ないが、それがあったのが成城だった。

丹下自邸は木造ながらピロティの形式を採り、塀がない庭に浮かんでいるような斬新な住宅だったが、それは成城の地域住民たちが自ら定めたまちづくりのルールにのっとって考えられたものでもあった。また、それは住宅であると同時に、丹下が考える都市の広場の実践であり、大規模建築のプロトタイプでもあった。

私的な生活を快適に送るための性能は、十分ではなかったのかもしれない。しかし建築のことしか頭にない丹下にとっては、住宅というよりも「建築」であるこの家こそが、帰るべき場所であった。

注

(1)丹下健三『丹下健三――一本の鉛筆から』(人間の記録)、日本図書センター、一九九七年

(2)同書四四ページ

(3)豊川斎赫編『丹下健三とKENZO TANGE』オーム社、二〇一三年、八三二ページ

(4)安西愈『郷愁の人――評伝加藤武雄』昭和書院、一九七九年、一九四ページ

(5)丹下健三/川添登編著『現実と創造――1946-1958』美術出版社、一九六六年、九四ページ

(6)岸和郎/原研哉監修、豊川斎赫編著『TANGE BY TANGE 1949-1959――丹下健三が見た丹下健三』TOTO出版、二〇一五年

(7)前掲『現実と創造』九四ページ(初出:丹下健三「現代日本において近代建築をいかに理解するか――伝統の創造のために」「新建築」一九五五年一月号、新建築社)

(8)同書九四ページ

(9)前掲『丹下健三とKENZO TANGE』八三二、八五八ページ

(10)同書八三一ページ

(11)同書八〇九ページ

(12)槇文彦/神谷宏治編著『丹下健三を語る――初期から一九七〇年代までの軌跡』鹿島出版会、二〇一三年、三六ページ

(13)都市住宅編集部編『建築家の自邸』鹿島出版会、一九八二年、二〇ページ

(14)前掲『丹下健三とKENZO TANGE』八五一ページ

第３章　成城と映画

――〝世界のミフネ〟を生んだ街・成城

高田雅彦

はじめに

東京世田谷西端の地「成城」。小田急線の急行に乗れば新宿からわずか十数分の、いまでは〝高級住宅地〟と呼び称される街である。しかしながら、成城学園が牛込区（現在の新宿区）原町から移転してくる一九二五年まで、当地「東京府北多摩郡砧村大字喜多見」は、雑木林と田畑が一面に広がる林野であった。住人の六〇パーセント以上が農業従事者にあたり、首都圏への食糧供給地の役割を担っていたこの郊外の地には、いまだ電車も通っておらず（小田急線の開通は一九二七年のこと）、通勤・通学に適するような場所でも、もちろんなかった。

澤柳政太郎に次ぐ、第二の学園創立者・小原國芳の述懐によれば、当時の砧村は「雑木林、家一軒もない、百二〇町歩の高台」で、「地価は安く、(略)まったく不思議な土地」であったという。[1] 国分寺崖線の東側に広がる台地上にあって、どこからでも富士山を見渡すことができた——武蔵野の自然を残す——当村が、やがて日本でも有数の高級住宅街に変貌しようとは、当時の住人の誰一人として予想もできぬ〈未来予想図〉であっただろう。

本章では、成城という地がいかにして現在のような街になったかを、「成城」と「映画」という二つのキーワードにより解き明かしていこうと思う。お読みになれば、何ゆえに「〝世界のミフネ〟を生んだ街」なるサブタイトルが付されているかも、ご諒解いただけるはずだ。

1 成城は、わが国初の本格的な学園町にして、映画の街

砧村に移転したばかりの成城学園では、生徒集めと学校建設資金集めを兼ねて、取得した土地を父母に分譲販売した。住宅地開発も自らおこなっていた当学園は、小田急が取得していた坪(約三・三平方メートル)三円の停車場用地を坪五円で買い上げることによって、駅を現在の場所に置くことと、駅名を学校名と同じにすることの確約を得ている。[2] いや、なかなか強かなデベロッパーぶりだが、こうして当地では、日本では類を見ない「理想の学園」ならぬ「学園町」作りが進められていく。

一九二九年には、朝日新聞社がモダン住宅「朝日住宅」の販売を開始。大正デモクラシーの流れにも沿った新しいライフスタイルへの憧憬は、成城学園の先進的な教育と相まって、〈緑豊かで魅力的な街〉のイメージをさらに高める。

ただ、いかに安価だったとはいえ、土地は四百坪という広い区画で売り出されたので、買うことができたのは、ある程度裕福な階層の人々であった。してみると、当時は誰もそうなるとは思わなかった「成城＝高級住宅地」としての下地＝種は、すでにこのときまかれていたことになる。

砧村と呼ばれていたこの地に、初めて学園と同じ「成城」の地名（北多摩郡砧村大字喜多見成城）が付いたのは一九三〇年。六年後には世田谷区に編入されて、住所は「世田谷区成城町」となる。そして、成城学園に遅れること六年、三一年に当地にやってきたのが、のちに映画会社の「東宝」に発展する「P．C．L．」である。

P．C．L．の砧移転

「P．C．L．」こと「Photo Chemical Laboratory（写真化学研究所）」は、一九三〇年、写真現像に関する研究開発や映画フィルムの現像をおこなうための〝匿名組合〟として、丸ビルの一室で発足。その後、折からのトーキー＝発声映画の台頭により、「日活」こと大日本活動写真が協力を求めてきたことから、トーキーの撮影・録音の請負とそれらの技術開発を進める必要が生じた当研究所は、その移転先を世田谷の砧村に定める。

移転先は砧村の南側、現在の成城消防署の斜め前の角地で、一九三一年六月に株式会社化された

写真1　P.C.L. が作った録音ステージ施設（以下、東宝関連施設写真はすべて東宝スタジオ提供）

P．C．L．は、ここに四十八坪のトーキー録音ステージを有する研究所兼工場を完成（一九三二年二月）させる。のちに東宝技術研究所となり、長く東宝の施設として使用されたこの建物では、五四年公開の初代『ゴジラ』（監督：本多猪四郎）の着ぐるみも作られていて、特撮マニアからは密かに〈聖地〉扱いされている。

そもそもP．C．L．は、大日本麦酒常務・植村澄三郎の子息で理化学研究所に勤務していた植村泰二と、同じく理化学研究所に在籍しながら松竹キネマで現像部長も務めた増谷麟らにより設立されたものである。

そして、驚くなかれこの会社移転は、同志の増谷が移転前から当地（現在の成城消防署の正面＝録音ステージのすぐ南側にあたる）に自宅を新築していたことを知る植村が、息女の泰子氏の成城小学校入学（一九三〇年）を契機に、娘の通学の便を考え、自宅も会社も学校の近くに移してしまおう、と考えたことから実現したものなのであった。

なにせ小田急線が通る前の成城小学校は、電車通学者は京王電鉄の烏山駅で降り、そこから約四キロメートルあった田舎道をスクールバスで往復しなければならないという、大変不便な環境にあった。すでに小田急線が開通していたとはいえ、体が弱く、駒込に自宅があった植村泰子氏が通学に大変な労苦（一時間半かかったという）を強いられたことは確実。結果、植村家は泰子氏の当校入学に遅れること一年足らずの一九三二年、「北多摩郡砧村大字喜多見成城三四二」の地に移り住むことに決める。

写真2　1932年に完成したP.C.L.大ステージ

この経緯は、泰子氏がのちに著した『私たちの成城物語』[3]に詳しく、この事実から、P．C．L．から継続・発展した東宝という会社は、泰子氏がもし成城小学校に入っていなければ、ここ成城には存在しなかった、との結論が導き出される。

さらにいえば、植村パパによる、この〝家族ファースト〟の自宅&会社移転がなければ、P．C．L．の録音ステージはもちろん、のちに東宝撮影所となる大ステージも当地に作られることはなく、もしかすると黒澤明や本多猪四郎は監督として採用されずに、世界的傑作・人気作となる『七人の侍』（監督：黒澤明、一九五四年）や『ゴジラ』も生まれることはなかった——という空恐ろしい仮説も成り立つ。そう考えると、植村によるこの独断専行的な行為は、その後の日本映画の行方をも大きく変えた、歴史的大事件だったことになる。

一九三二年に完成した同時録音用の劇映画専用ステージ二棟は、

いまでいう〈貸しスタジオ〉だったが、その規模（計千百八十一平方メートル、三百六十坪）や外観から、周りの住民は〝白亜の殿堂〟と呼び称した。麦畑と雑木林だらけの当時の成城に、いきなりこんなものが現れたら、そう呼びたくなるのも当然のことであったろう。

ところが、別のトーキー方式を採用した日活が契約破棄を通告してきたことから、自社製作への転換を余儀なくされたP．C．L．は、新たに「ピー・シー・エル映画製作所」を設立。この最高の設備を誇るステージを使って、自社作品の製作に乗り出すこととなる。

東宝の誕生と発展

いまだ写真化学研究所名義であった自主作品『音楽喜劇 ほろよひ人生』（監督：木村荘十二、一九三三年）以降も、植村泰二を代表取締役としたピー・シー・エル映画製作所は、新興映画会社として『只野凡児 人生勉強』（同監督、一九三四年）をはじめとしたトーキー映画を連作。とりわけ榎本健一の「エノケン一座」と提携した、山本嘉次郎監督による音楽喜劇が人気を博し、P．C．L．は松竹、日活、新興キネマ、大都映画の既成四社と並ぶ映画会社に発展する。一九三五年に自主配給も開始した当社は、翌年のステージ増設を経て、三七年には関連四社を合併して、「東宝映画株式会社」を設立させるに至る。

その後の当社のあゆみはここで紹介するまでもないことだが、製作・配給・興行の一貫体制を確立した東宝は、大河内伝次郎や林長二郎（のちの長谷川一夫）、黒川弥太郎、花井蘭子など既存のスターに、霧立のぼる、高峰秀子ら若手人気女優、さらには渡辺邦男、熊谷久虎、山中貞雄、斎藤寅

写真3　昭和20年代初め頃と思われる撮影所と御料林（右上にはP.C.L.施設と増谷邸・植村邸が見える）

次郎、滝沢英輔といった気鋭の監督たちを加えて、さらに活発な映画製作を進める。

続いて、阿部豊、衣笠貞之助、島津保次郎、マキノ正博（雅弘）らベテラン監督に、伏水修、山本薩夫、今井正、黒澤明などの中堅・新人監督も迎えて量産体制を整えた東宝は、太平洋戦争開戦という非常事態にもかかわらず、映画・演劇ともに好調な観客動員を維持して、一躍業界首位の座へと躍り出る。成城の撮影所から送り出したのは、格調ある文芸映画に、エノケン、ロッパ、金語楼、エンタツ&アチャコによる喜劇映画や音楽映画など、のちのポリシー「明るく楽しい東宝映画」にも通じるバラエティ溢れる作品群であった。

戦中の東宝は、軍人教育映画や『ハワイ・マレー沖海戦』（監督：山本嘉次郎、一九四二年）、『加藤隼戦闘隊』（同監督、一九四四年）などの戦意高揚映画も多数手がけている。こ

写真4　昭和40年代の撮影所（すでに特撮用大プールや武蔵工大附属校があり、仙川の護岸工事も完了している）

れがのちの『ゴジラ』や特撮映画の発展に寄与したことを思えば、いささか複雑な気持ちもするが、軍部との結び付きにより撮影機材の充実が図られ、円谷英二の特殊技術撮影が長足の進歩を遂げたのも厳然たる事実。さらに、折からの生フィルムの配給統制（国家統制の強化）や映画産業規制（縮小方針）をよそに、大作中心の製作体制を維持することが許された東宝は、撮影所と主要劇場が大きな被災を免れたこともあって、戦局が悪化して製作や興行が縮小された一九四五年の一月から八月までの間にも、十本もの映画を製作・公開することができた。

ちなみに、成城学園には兵器庫があったためか、同年五月二十四日の東京大空襲に際しては、アメリカ軍機が襲来。いくつかの教室が消失したほか、東宝撮影所にも焼夷弾が落とされている。なお、植村泰二邸などの大きな洋館は、戦後、アメリカ軍将校の官舎として接収されているので、アメリカ軍が成城の街に爆弾を落とさなかったのは、その後の利用価値を考慮してのことだったのかもしれない。

まさに終戦を迎えたそのときに撮影していた作品が、黒澤明監督の『虎の尾を踏む男達』(4)である。歌舞伎の『勧進帳』をベースに、安宅関《あたかのせき》における弁慶、義経と関守・富樫のやりとりを描く本作は、フィルム使用量の規制から、その尺はわずか一時間弱、セットも一杯作られたのみだったが、この映画唯一となる野外ロケが東宝撮影所の西側に広がる「御料林」内でおこなわれている。

成城学園の移転候補地でもあった当ロケ地は、戦中に空襲が激化したとき、学習院が移転先として検討した「御料地」で、戦後は一面の麦畑に変貌。その後も砧中学校(世田谷区立)や成城地区初の公立(区立)小学校となる明正小学校、さらに昭和三十年代には東横学園小学校と武蔵工業大学(のちの東京都市大学)附属中学校・高等学校が設けられ、いまではさながら学校用地の様相を呈している。

植村泰二は、社団法人映画配給社の社長に就任する一九四二年まで、東宝映画の社長を務めた。いまではすっかり東宝の〝初代社長〟と捉えられている小林一三だが、こちらは東京宝塚劇場のほうの初代社長(一九三二年八月十二日就任)であって、東宝映画(写真化学研究所、ピー・シー・エル映画製作所)の初代社長は決して小林ではない。現在、東宝スタジオの正門ゲートには小林翁の銅像が鎮座するのみだが、この点はどうぞ誤解のないように願いたい。

映画の街〝日本のハリウッド〟〝日本のビバリーヒルズ〟となる成城

P.C.L.が移転してきてからというもの、植村泰二だけでなく映画関係者が続々と当地、成城に住み始める。当初は撮影所があった南側に集中していたようだが、監督では山本嘉次郎、成瀬巳喜男、男優では初期のP．C．L．作品を支えた大川平八郎（のちのヘンリー大川）や岸井明、嵯峨善兵、高田稔らが、女優では細川ちか子、英百合子、千葉早智子、高峰秀子などが自宅をこの地に置く。若き日の黒澤明と谷口千吉は、北口商店街にあったブリキ屋に下宿していて、のちには黒澤映画を支える音楽家・早坂文雄も撮影所近くに移り住んでいる。ちなみに、小田急線開通当初にはなかった成城学園前駅の南口は、植村社長や商店街の出資により作られたもので、P．C．L．の人たちはこれで通勤がだいぶ楽になり、喜んだという。

この映画工房の設置と映画人の大量移住が、のちに成城が〝日本のハリウッド〟と呼ばれ、〝日本のビバリーヒルズ〟となる下地を作ったことはもちろん、小説家や音楽家などの文化人たち――平塚らいてふや富本憲吉など、学園の移転当初から成城に住む文化人・芸術家は多かった――が、好んで成城に住む〈呼び水〉となったことは疑いようのない事実。〝高級住宅地〟としての成城は、成城学園がここ砧村の地に「やってきた」ことと、その生徒の父母たちに土地を分譲したこと、そして、その生徒の父母であった植村泰二の「P．C．L．＝東宝」の移転と撮影ステージの建設があってこそのもの、と断じてよいだろう。

さらに成城は、東宝のみならず、西隣の調布に大映と日活の撮影所があったことから、多くの映画・テレビ映画の撮影地ともなる。撮影所の近くでロケ撮影をおこなうことは、映画会社にとってはあらゆる面で合理的であり、当時の成城の住民や学園も映画ロケがおこなわれることには寛容であったから、数多の作品に成城学園や街の風景が残されることとなった。つまり、いまはもう見ることができない懐かしい風景がフィルムにとどめられているという点においては、映画はまさに文化遺産であり、「成城に住まう」ということは「映画の残像のなかに住んでいる」ことにほかならない。

その後のバブル期には、相続税の高騰もあって土地は分割されていったものの、不動産業界では〝学園都市〟や〝文化都市〟はまさに〈超優良物件〉と見なされ、みるみる土地の値段が上昇。成城のイメージはさらにハイソ化していき、〝高級住宅地幻想〟が膨らんでいく。

映画人や文化人だけでなく、いわゆる芸能人の多くが、その子女を成城学園に入学させたことも、〝お坊っちゃん・お嬢さん学校〟という学校のカラーをさらに強める。これが成城の街のハイソ度アップに一役買ったのもまた確かで、成城学園がこの地にあるかぎり、そうしたイメージが崩れることは決してないだろう。

一九八一年には、当地で〝億ション〟と呼ばれた初めての高層マンション、成城ハイムが竣工。近年では、石井食料品店や成城薬局といった、かねてから成城商店街で営業してきた個人商店が「セイジョー」の名を冠した店名にて、全国進出を果たしている。億ションの誕生と、この二つの店舗の全国展開は、成城の高級住宅地化への過程と見事にシンクロしているように見え、実に興味深いものがある。

かくして、もともと成城学園の地所部が提唱し、現在では成城自治会が守り継ぐ住宅建築のルール「成城憲章」は、なおざりにされることがしばしば。小田急線の高架化と城山通りの延長により交通量も増え、街から以前の成城らしさは次第に失われつつある。かつて住民であった俳優の加東大介が、「朝日新聞」「声」欄（一九七〇年八月二十九日付）で、道路拡張に反対する立場から「健康守るため 道路より緑を」と切々と訴えたように、現在でもこれに危機感を抱く方は多いだろう。それでも、成城の緑多き街並みは相変わらずみずみずしい魅力を放ち続けている。このすばらしき住環境を未来に向かって保持していくことは、成城に関わるすべての人たちに課せられた使命といっていいだろう。

2　俳優・三船敏郎を生んだ街・成城

〝日本のビバリーヒルズ〟成城に住んだ映画人、とりわけ俳優は数多い。しかし、何といってもその代表格は三船敏郎であろう。本節では、当地成城が生んだといっても過言ではない〝世界的俳優〟三船敏郎の俳優人生と、成城学園や街との意外な関わりについて述べていきたい。まずは、三船が成城に登場する少し前の話から――。

戦後の混乱期の東宝では

アメリカ軍の空襲により、全国の映画館五百十三館が消失、戦後も主要劇場が進駐軍に接収されるなど、映画演劇の興行・インフラ面の被害は甚大なものがあった。また、山中貞雄や丸山定夫をはじめとする多くの人材を戦争で失い、さらには小林一三、森岩雄らの重役陣や円谷英二などの主要人物が、戦意高揚映画に加担したという理由で公職追放に処せられるなど、混乱の最中にある東宝だったが、幸いなことに砧の撮影所は戦災を免れ、映画製作のほうも徐々に回復の兆しを見せていく。

一九四五年十二月、GHQ(連合国軍総司令部)の主導によって撮影所に従業員組合が結成されると、これが東宝全従業員組合に発展。やがて日本映画演劇労働組合に加盟するに至って、亀井文雄や今井正、山本薩夫、宮島義勇などの日本共産党員により極左化した組合と会社の対立が激化。すでに第一次闘争に入っていた、いわゆる「東宝争議」は四六年十月、第二次闘争に突入して、この年の東宝の映画製作本数は他社の半分、わずか十八本にまで落ち込む。

そんなときにおこなわれたのが、これが第一回となる新人俳優募集「東宝ニューフェイス」で、ここに姿を現したのが三船敏郎、その人であった。

三船敏郎、大陸で出生

これが本名である三船敏郎は、一九二〇年四月一日、中国山東省青島《チンタオ》の生まれ。三船が五歳になる二五年、一家は大連に移り住み、父徳造が写真館を始める。この店名が「スター写真館」だったというのは何かの因縁としかいいようがなく、外国人にコンプレックスがまったくない気質が培われたのは、この〝コスモポリタン都市〟に住んだがゆえ、と三船自ら語っているのも実に興味深いことである。

一九四〇年、一度も内地の土を踏むことなく、二十歳で応召を受けた三船は、満州公主嶺の陸軍

写真5　軍隊時代の三船（以下、特記なき写真は三船プロダクション提供）

第七航空教育隊に入隊。初年兵の第一期間六カ月を経て、牡丹江海浪の第八航空教育隊に転属する。隊では生家の職業が考慮されてのことか、写真部に配属され、航空写真を扱う任務に就く。これが自分のその後の人生に大きな影響を及ぼすことになろうとは、さすがの三船も当時は知る由もないことであった。

　やがて第八航空教育隊は、内地の滋賀県八日市へと移駐。ここで四年を過ごし、足かけ七年にわたり軍隊生活を送った三船は、写真部配属が幸いしたか、前線に送られることなく、終戦の年一九四五年五月には熊本県隈庄《くまのしょう》の特攻基地で、多くの若き兵士たちが爆撃機で沖縄のアメリカ艦隊への特攻作戦に飛び立っていくのを見送る立場となる。

　のちに三船は、軍隊での体験を「お前ら、こんな話を聞いて、おれの気持ちがわかるか」と、子息たちに涙ながらに語っていたとのことだから、「戦争」が三船の心に深い傷跡を残したことは確か。戦友たちがみな、南方の戦地や特攻作戦へと回され、自分だけが生きて帰ってこられた、という忸怩たる思いもあったろう。外国の戦争映画出演に際しては、日本人や軍人としての言動に間違いとかおかしな点があれば、どんな大監督だろうが必ず訂正させた三船である。死んでいった兵隊たちへの強い思いが、こうした行動や信念につながっていることは間違いない。ただ、軍隊では上官に反抗ばかりしていたとのことだから、結局は「上等兵どまり」で、三船は二十五歳で終戦を迎える。

三船は自叙伝「私の人生劇場」(5)で、秋田出身の父親徳造のことを「酒も煙草も嗜まない、愛国心と事業欲しか頭になかった堅物」と表している。中学時代にその父が病に倒れ、稼業の写真館を切り盛りしなければならない立場に追い込まれたときも、「多数の使用人がいたことから商売はそっちのけで、逆に酒の味を覚えたり、店の金を誤魔化したり、あげくは〈悪所〉に通ったりした」などと告白している。

さらに三船は、後妻だった母親センについても「厳しい性格」と断じており、これらの発言からは三船が父母への愛情をもたぬまま少年時代を過ごしたことがうかがえ、ニヒルで捨て鉢な性格が形成されても仕方なかったように思えてくる。してみると、軍隊で上官に反抗したり、のちに東宝のニューフェイス面接でふてぶてしい態度をとったりする素地は、このときすでに築かれていたことになるが、軍隊では写真の知識や技術が役立ち、結局、前線に送られることはなかったわけだから、やはり運命が三船に味方したとしかいいようがない。

三船敏郎、ニューフェイス試験を受けに成城へ

敗戦の報を聞いたとき、「ざまあみやがれ。一年八カ月たったら除隊させると言いながら、足かけ七年も引き留めやがって……。戦争なんかクソ食らえだっ!」と思ったという三船。それでも「ともかく食わねばならん」との思いから、三船は身に付けていた写真の技術を生かす道を模索す

写真6　ニューフェイス面接風景

る。しかし、みな、食べていくだけで精いっぱいの頃であったから、写真館や写真屋などはまったく不要。そこで三船が目指したのは、世田谷の成城にある東宝撮影所の撮影部だった。というのも、東宝には軍隊時代に知り合ったカメラマン・大山年治がいて、大山から「カメラ助手の職ならある」と聞いた三船は、東宝に履歴書を提出していたのである。

ひと月ほどたつと〝出頭〟通知が届き、三船は勇んで当時住んでいた横浜の杉田から成城へと向かう。ところが、撮影所に着いてみると面接はなんと俳優志望者向けのもので、これは東宝がおこなう第一回の新人俳優募集「東宝ニューフェイス」試験なのであった。

こうして、「ええ、どうにでもなれ。カメラ助手でなくても、ただ食っていければそれでいい」との、破れかぶれの気持ちで俳優のテストを受けた三船は、試験官（山本嘉次郎監督や女優の高峰秀子がいた）の一人に「笑ってみろ」と指示されたのに対して、

「そんなに簡単に笑えるものではありません」とぶっきらぼうに応じる。そもそも俳優になろうという意思などこれっぽっちもない三船であったから、正直な気持ちがこうした反抗的な態度となって出たのだろう。

ところが、テストの結果は〈補欠〉合格。この予想外の結果は、黒澤明の進言によるものとの説もあるが、現在では、撮影部の山田一夫が審査委員長の山本嘉次郎に手を回してのもの、との説が有力となっている。当時の東宝では復員者が多く、欠員が出ないとカメラ助手を採ることができなかったため、三船にはとりあえず俳優部に籍を置かせて、空きがでたら撮影部で引き取る、という密約が山田と山本監督の間で交わされた——、との内幕話は実に説得力があるし、三船がのちに山田を三船プロに招くのも、このときの恩義ゆえのことといわれている。

面接における三船のふてぶてしい態度は、人間として非誠実だったり、根が野蛮であったりしたからでは決してない。これは前述のとおり、七年間の軍隊生活で心が荒んでいたからにほかならず、実際、三船はのちに「軍隊が嫌いだった」と語っている。その真面目で几帳面すぎるほどの性格は、ファンでなくてもよくご存じのことであろう。

合格者は、補欠の三船を含めて男十八人、女三十人の計四十八人。その後、俳優として活躍したのは、堀雄二、伊豆肇（のちに、夏木陽介らとともに、最後まで三船プロに所属）、堺左千夫、久我美子、若山セツ子、木匠マユリくらいのもので、欲のない三船が俳優として大成したのは、やはりその圧倒的な存在感と野獣性、加えてその鋭い眼光＝目力《めぢから》によるものと断じてよいだろう。

俳優への道

補欠ではあっても、俳優になるための勉強はせねばならない。いよいよ養成期間が始まり、三船はここで今井正監督などから講義を受ける。生来の几帳面な性格によるものであろう、三船はその内容をきちんとノートにまとめているが、最も熱心にノートを取ったのはカメラや撮影に関する講義であった。そして、演技の講義ではカメラの前にも立ち、三船はエキストラのような形で数本の東宝映画に出演する。このときはまだ、「カメラの前に立つと、胸がドキドキした」というから、やはり俳優になる気はあまりなかったのであろう。

そんななか、小田急線の車内で俳優修業中の（本当は撮影部の空きを待っていた）三船を見初めたのが、監督デビュー間近の谷口千吉であった。谷口からの熱心な勧誘を受け、「ツラ（俳優）で飯を食うつもりはない」との信念を曲げた三船は、『銀嶺の果て』（一九四七年）に準主役級のギャング役で出演することを承諾する。「背広を一着プレゼントする」という谷口の説得工作に目がくらんだかどうかはわからないが、ともかく「一本だけ」という約束での映画出演であった。

電車に乗り合わせた藤本眞澄プロデューサーによる「あいつはやめておいた方がいいなぁ。ヤクザだよ、見るからに[6]」との進言や、盟友の黒澤明による「千ちゃん、お前バカだなぁ。君の最初の大事な作品を撮ろうとしているときに、あんな得体の知れないヤクザみたいな男を使うなんて。途中で消えていなくなったらどうするんだ[7]」なる忠告も顧みず、谷口が三船を選んだのは「胸の厚い、ガラの悪そうな、怖いから傍に近寄らないほうがいいというタイプ」（谷口の第一印象）という、三船の不良性に引かれてのことであったにちがいない。なにせ役は、〝銀行ギャング〟なのだ。

この時点でも三船が、自分はいずれカメラマンになるものと信じて疑わなかったことは、撮影中の数々のエピソード（白馬の撮影現場で率先して重たい撮影機材を運んだり、出番がきても「おれはいいですよ」と言って演技に入るのを拒んだりしたこと）からも明らか。いまだぺーぺーのフォース助監督だった岡本喜八と親しくなったのも、スタッフ意識のほうが強かったがゆえのことであろう。

三船敏郎、黒澤明と出会う

この映画の編集を手伝っていた黒澤明がフィルムのなかの三船を見て、すっかりその素材に惚れ込み、『酔いどれ天使』（一九四八年）で準主役格の若きヤクザ役に抜擢したことも、いまではよく知られた逸話である。谷口が三船を自分のデビュー作に抜擢したときには反対していた黒澤が、一転して自作へ起用したのは、三船の野獣性、悪漢としての魅力よりも、「表現力のスピード」に魅了されてのことといわれている。

八月公開の本作と、続く十月公開の『新馬鹿時代』（監督：山本嘉次郎）の二作で共演した志村喬とは、成城の地で長くて深い親交を結んだ三船。山本監督にも晩年までハワイに招待するなど、敬意を払い続けたというから、東宝＝成城コネクションを大切にしたことがうかがえる。

ちなみに、『新馬鹿時代』から『酔いどれ天使』に流用された闇市のオープンセットは、現在の東宝スタジオ敷地の北側、長く住宅展示場として使われた空きスペース（所内オープン）に作られたものである。ここは『七人の侍』をはじめとした多くの東宝映画の撮影場所となり、のちには

「東宝銀座」と呼ばれたパーマネント銀座セットや特撮用大プールが設けられたので、それでご存じの方も多いだろう。

一九四六年十月に始まった第二次東宝争議に際しては、分裂した第三組合と第二製作部の面々に、大河内伝次郎、長谷川一夫、藤田進、入江たか子、原節子、高峰秀子ら「十人の旗の会」の俳優が中心となり、第二撮影所（現在の東京メディアシティと日本大学商学部キャンパス）に新東宝映画製作所を設立。渡辺邦男、斎藤寅次郎などのベテラン監督から市川崑、松林宗恵といった若手助監督たちも新東宝へと移り、三船を呼んでくれた大山カメラマンも東宝を辞めていく。

こうして、スタッフ、俳優ともに手薄となった東宝では、ニューフェイスの俳優たちを使って映画作りを進めていかねばならない状況が発生。いわゆる〈会社の事情〉によって、三船敏郎は嫌々ながらも映画俳優デビューを果たす。

『酔いどれ天使』で人気が沸騰、いよいよ俳優として生きていくことを決断せざるをえなくなる三船。あれだけの存在感をもった俳優など、あの当時でもそうはいない。その資質に惚れ込んだ黒澤明が三船を放っておくはずはなく、次々と自作に起用していくのは、ある意味当然の結果であった。『静かなる決闘』（一九四九年）で軍医、『野良犬』（同年）では復員兵を演じ、戦争の影を引きずったいくつかの役で、三船は俳優生活を本格的にスタートさせる。

戦争が生んだスター

戦後すぐに――自らの意思に反してだが――俳優となった三船敏郎は、やはり〈戦争が生んだスター〉というべき存在である。侍・武士もよく似合った三船だが、のちに繰り返し山本五十六や東郷平八郎といった海軍大将を演じたほか、〈軍人〉に扮した映画は十五作を数える。特に『野良犬』に代表される復員兵士役は自身の経歴そのものであったから、三船にとってはむしろ演じやすかったかもしれず、実際、いかにも様になっていた。

『天国と地獄』（一九六三年）で共演した山崎努も、「文藝春秋」九十周年記念増刊号(8)で、三船の才能の開花は「復員がきっかけとなっている」旨の発言をしている。「敗残兵士の絶望感」こそが、「行き場のない怒りを早口でまくしたて、大声で笑い飛ばす」三船独特の演技を生んだ源、との山崎の解釈には、全面的に賛意を表したい。

ただ、その役が一兵卒の復員兵であれ、連合艦隊司令長官であれ、さらには気の狂った部隊長であれ、三船の心の奥底に戦争への強い嫌悪があったことは確か。三船は、そうした戦争への思いを常に心に秘めて、軍人役を演じていたのであろう。思えば、その鋭いまなざしは、つらくてむなしい軍隊生活を経験した者にしか出せない〈哀しい眼光〉だったのかもしれない。

俳優として、成城で生きる

入社直後の三船は、横浜から東宝撮影所に通っている。交通事情が悪く、弟の芳郎氏と一緒に住んでいた横浜の下宿から成城の撮影所までは三時間近くもかかったという。そこで三船は、成城の素人《しろうと》下宿Tさん宅で『銀嶺の果て』で親しくなった岡本喜八と共同生活を始める。

岡本はこの下宿で、三船がアメ横で仕入れた放出毛布を使ってズボンに仕立て上げようとしてい

写真7　三船敏郎 結婚記念写真

る姿を目撃、ここからその器用さが伝説として語られていくことになる。三船が仕立てたコートとズボンは、現在でも成城の三船プロに大切に保管されていて、二〇一七年十月に百貨店・東急渋谷本店にて開催された展示会「世界のミフネと呼ばれた男」でもお披露目されている。

一九四八年まで続いた東宝争議の余波を受け、三船は四九年から五一年にかけて、多くの他社作品に出演する。新東宝での溝口健二監督作『西鶴一代女』(一九五二年)なども含めると十本以上の他社作品を経験した三船だったが、実はこの最中の四九年十二月九日に、青山学院の教会で結婚式を挙げている。

そのお相手は、東宝ニューフェイスにともに合格した吉峰幸子という女優の卵で、媒酌人は山本嘉次郎夫妻。その山本も成城に住み、家は現在のカシオ記念館のところにあった。

そしてこのとき、三船夫婦は元満鉄病院の院長内野氏から邸宅の一部を借り受け、成城の住人となる。権利金が五万円で、間代は月五千円。これは当時としても相当な高額だったようだが、結婚の日が待ちきれない二人は迷わずこの部屋を新居に定める。一人前の俳優なら成城に住む、というのが三船にとってのステータスだったかどうかはわからないが——。

結婚当初は、志村喬の家がすぐ近所にあったことで、風呂は志村邸で入れさせてもらっていた三船夫妻。風呂が沸くと志村夫人の政子氏が知らせにきてくれたというから、ここからも両家が家族ぐるみの深い付き合いをしていた様子がうかがえる。三船は志村夫妻を非常に尊敬しており、長きにわたって夫妻を「志村のおじちゃん・おばちゃん」と呼び習わしていたので、長男の史郎氏は志

写真8　上が最初の自邸（成城町777）、下が内野氏と交換した2番目の家（成城町746）

写真9　2番目の家の航空写真（右下ガレージの2階が三船のトレーニング・ルームであった）

村夫妻を本当の伯父さん・伯母さんとばかり思っていたという。

やがて三船夫妻は、内野邸の斜め向かいにあった一軒家（成城町七七七：現・成城六丁目二七番）を購入。そこが手狭になると、かつて間借りしていた内野邸（成城町七四六：現・成城六丁目二五番）と交換して、そこが長らく三船の〈成城の城〉となる。

3　三船敏郎の成城ライフ

それから先の三船敏郎の俳優としての活躍ぶりは、本書の趣旨とは外れるので割愛するが、最後に三船と成城にまつわるエピソードをいくつかご紹介したい。ここからは、いかに三船が〝成城が生んだスター〟であるかが実感いただけるにちがいない。

〝サムライ〟イメージの確立

よく知られるとおり、三船には終生、豪快なサムライのイメージが付きまとった。これは『七人の侍』の菊千代というより、『決闘鍵屋の辻』(監督：森一生、一九五二年)や『宮本武蔵』(監督：稲垣浩、一九五四―五六年)、さらには『隠し砦の三悪人』(監督：黒澤明、一九五八年)などで演じた武士の影響によるところが大きいだろう。四作にわたって演じた宮本武蔵役では、稲垣版のシリーズ第一作でアカデミー賞外国語映画賞(当時は名誉賞)を受賞。日本はもとより、アメリカにおける「三船＝サムライ」のイメージを確かなものとする。

だが、何よりもそのイメージを確固なものとしたのは、黒澤作品の『用心棒』(一九六一年)とその続篇『椿三十郎』(一九六二年)であろう。アメリカ人俳優のジョン・ベルーシが、自身の出演するテレビ番組『サタデーナイト・ライブ』で盛んに物真似をしていた侍が、その風貌や喋り口調から三船・三十郎であることは明らか。のちに二人は、スティーブン・スピルバーグ監督作の『1941』(一九七九年)で共演することになるが、残念ながら直接顔を合わせるシーンはなかった。

また、出演したビールCMの影響から、「男は黙って」との寡黙な印象も残した三船。しかし、実際の三船はダジャレ好きなうえ、豪快な半面、繊細な面があることでも知られており、その几帳面さは成城の三船プロの玄関を自ら掃除する姿の、多数の目撃証言によって証明されている。

そして、三船を語るうえで欠かせないのが、かの「黒澤のバカヤロー」発言である。

「黒澤のバカヤロー」発言の真実

いまや、三船ファンなら知らぬ者とてない、黒澤に向けた「バカヤロー」発言の原因は、一九五七年公開の『蜘蛛巣城』のラスト・シーンで、三船演ずる戦国武将・鷲津武時が臣下から因果応報とでもいうべき謀反に遭い、その全身に無数の矢を浴びる、その撮影方法にあった。

いまだCG処理など存在しないこの時代、本物の矢をその身近くに射られて鬱憤を募らせた三船は、夜な夜な成城の自宅から狛江の黒澤邸へと車を走らせ、「黒澤のバカヤロー！」と大声で連呼する。もちろんこれは酒に酔ってのことだが、その行動の理由は実に意外なところにあった。

なんと、六、七メートルの距離から三船に矢を射っていたのは、そのほとんどが成城大学の弓道部の学生だったのだ。若干の指導者や経験者もいることはいたが、彼ら学生はいってみれば素人のようなもの。三船の懐疑心と恐怖心は募りに募り、その数日にわたる撮影の間は、連日「B－29が自分目がけて突っ込んでくる」夢ばかり見て、うなされていたという（野上照代氏の証言）。いかに尊敬し、忠誠心を抱く黒澤監督とはいえ、悩める三船がストレスを発散するには、こうした行動をとるしかなかったのであろう。

この「バカヤロー！」なる罵声は、成城在住の監督・稲垣浩にも放たれている。稲垣が撮影中に台詞を変更する事態は、しばしば発生。現場に台本は持ち込まず、台詞を丸暗記して撮影に臨む三船にとって、これは大変な労苦を強いるものであった。

特に、和製シラノ・ド・ベルジュラックに扮した『或る剣豪の生涯』（一九五九年）では、三船の台詞の多さは尋常でなく、相手役の宝田明の比ではなかった。宝田扮する若侍が〝愛しのロクサーヌ〟姫（司葉子）に発する〈愛のささやき〉は、すべて三船・シラノによるもの、との設定であったから、これも至極当然。三船は、すぐ近所にあった稲垣邸の周りを車でぐるぐる十周ほど回り、エンジンをふかしては帰っていくという行動に出る（稲垣の助監督を務めた高瀬昌弘監督の証言）。

このほかにも、やはり成城に住んでいた田崎潤の家に、猟銃を片手に殴り込んだ「成城のライフル事件」（土屋嘉男氏の証言）や、『ハワイ・ミッドウェイ大海空戦 太平洋の嵐』（一九六〇年）のロケ現場で松林宗恵監督による突然の台詞変更に憤った三船が、助監督部屋に殴り込んだ一件（これも高瀬監督の証言）など、三船の直情型の行動に関する証言は数多い。

しかしながら、被害者（？）であるどなたも、そして三船プロのスタッフの誰にうかがっても、三船のことを悪く言う人間など一人もいない。三船プロ出身の方々はみな、「社長」である三船敏郎をとことん慕っていて、その人間性に惚れ抜いている様子がありあり。ただし、みな「お酒さえ飲まなければ」という断り付きではあるが——。それでも酒癖の悪さよりも繊細さ、人の良さのほうが勝っているのであろう、成城近辺では三船敏郎の人間性を賞賛する声がいまなお轟きわたっている。

三船敏郎、成城の台風被災者を救出する

一九五八年九月、三船は御殿場で黒澤作品『隠し砦の三悪人』の撮影に参加していた。この映画は、のちにジョージ・ルーカスが『ＳＴＡＲ ＷＡＲＳ』（一九七七年）の脚本作りにあたり、実現はしなかったものの、リメイク権の獲得をもくろんだ作品として知られ、完成した映画からもその影響が色濃く感じられる〝敵中突破もの〟の時代劇である。

この年の夏は台風が頻発、雨ばかり降っていたとのことで、撮影スケジュールは大幅に遅延。そ

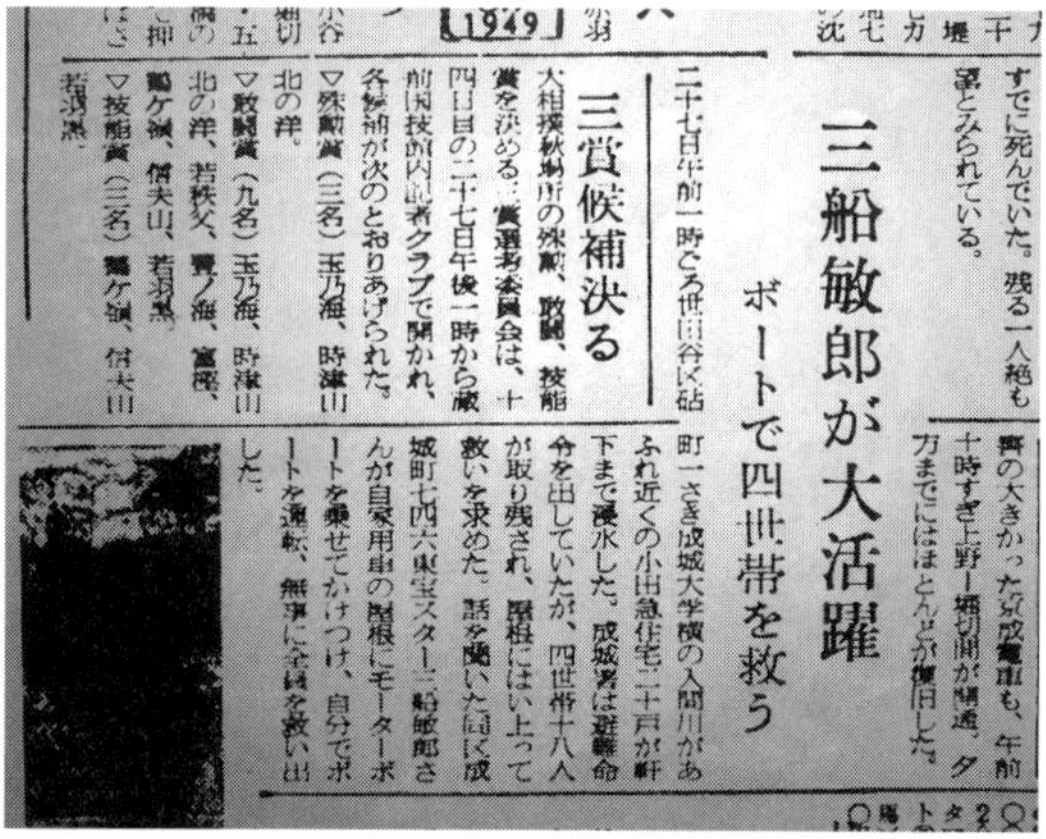

すでに死んでいた。残る一人絶望とみられている。

害の大きかった京成電車も、午前十時すぎ上野―堀切間が開通、夕方までにはほとんどが復旧した。

三船敏郎が大活躍

ボートで四世帯を救う

二十七日午前一時ごろ世田谷区砧町一さき成城大学横の入間川があふれ近くの小田急住宅二十戸が軒下まで浸水した。成城署は避難命令を出していたが、四世帯十八人が取り残され、屋根にはい上って救いを求めた。話を聞いた同区成城町七四六東宝スター三船敏郎さんが自家用車の屋根にモーターボートを乗せてかけつけ、自分でボートを運転、無事に全員を救い出した。

三賞候補決る

大相撲秋場所の殊勲、敢闘、技能賞を決める三賞選考委員会は、十四日目の二十七日午後一時から蔵前国技館内記者クラブで開かれ、各候補が次のとおりあげられた。

▽殊勲賞（三名）玉乃海、時津山、北の洋。

▽敢闘賞（九名）玉乃海、時津山、北の洋、若秩父、青ノ海、富樫、鶴ケ嶺、信夫山、若羽黒

▽技能賞（三名）鶴ケ嶺、信夫山、若羽黒。

写真10　三船の活躍を伝える「東京新聞」の記事（1958年9月27日付夕刊）

の予算額もみるみる膨れ上がって、これが黒澤に製作費の分担を強いる「黒澤プロダクション」設立の要因となったことは、日本映画に詳しい方ならよくご存じのことであろう。

当月二十七日未明に関東地方を襲った台風二十二号、いわゆる「狩野川《かのがわ》台風」のとき、三船は撮影中止がすでに決まっていたことから、車を飛ばしてロケ先の御殿場から成城の自宅へと戻る。すると二十六日深夜、晩酌をすませてくつろいでいた三船のもとに一本の電話が入る。それは成城警察署からの緊急要請であった。

三船がモーターボートを所有していることを知る成城警察では、大雨による仙川（成城学園から東宝撮影所の敷地内に通じる多摩川の支流）の氾濫で孤立した約二十戸の小田急住宅[9]の住民を、そのボートを使って救出しようともくろむ。これを、すでに酒が入っていた三船に車で運んできてもらおうというのだから、いまのご時世ではとても考えられない仰天プランである。

三船はこれに、ひと言「よしきた！」と発して現場へと向かい（三船史郎氏の証言）、写真10の新

聞記事どおりの大成果を挙げる。

このときの三船は、『隠し砦の三悪人』で演じた真壁六郎太どおりのいかつい髭面であったから、助けられた住民のほうもさぞかしビックリしたことだろう。そして、本救助劇に際しては、当時の警視総監から三船に対して感謝状が贈られている。しかし、三船はこれを誇ることなく、家人には口外を一切禁じたというから、ここからも三船が謙虚で遠慮深い人柄であったことがうかがえる。

写真11　警視総監から贈られた感謝状（三船プロ所蔵：神田亨撮影）

かくして、雪姫（劇中では上原美佐が演じた）ばかりでなく、成城の住民まで無事救出した三船・六郎太の活躍ぶりは、この地区の住民の間ではその後も長く語り継がれる伝説となった。

ちなみにこのとき、千歳船橋在住の森繁久彌も烏山川の氾濫によって被災した人たちを、自らのボートで救出していたという事実（次男・建氏の証言）がある。当時の東宝二大俳優が同時にこうした人命救助活動をおこなっていたとは、東宝映画ファンとしては実に誇らしいことである。

写真12　空を翔る三船

三船敏郎、セスナ機で成城学園グラウンドに飛来

もうひとつの三船＝成城エピソードも、ドキュメント映画『MIFUNE：THE LAST SAMURAI』（監督：スティーブン・オカザキ）公開初日（二〇一八年五月十二日、有楽町スバル座）の舞台挨拶で司葉子氏により開陳され、広く知られることとなった。

それは、三船の長男・史郎氏が成城学園の初等学校に通っていたときのこと。その日は学校の運動会で、たまたま母の日にあたっていた。参観する母親たちのために大量のカーネーションを買い込んだ三船は、それをセスナ機へと積み込む。そして、三船自ら操縦桿を握るセスナ機は、調布飛行場から低空飛行で成城学園のグラウンドへと飛来。三船は機内から母親たちに赤いカーネーションの花をまき、颯爽と飛び去っていく——。

安全高度が定められた現在、こうした行為は許されるはずもないが、〝世界のミフネ〟にかかれば、法律など何のその？　これは子どもたちよりも、母親や教員たちの度肝を抜き、成城学園の初等学校では三船によるこの〈母の日プレゼント〉が、その後も長く語り草となる。

三船敏郎の意外な成城ライフ

三船と長男の史郎氏にまつわる話は、近所の住民からも漏れ聞こえてくる。

成城に雪が降り積もったある冬の日のこと。成城にいまも住まうH氏とN氏の二人は、そりに乗る史郎氏を三船がジープで引いて遊ばせている姿を目撃する。子どもを雪遊びさせるのにジープを使うとは、なんともスケールが大きいことだ。これに二人は、丹下健三邸（現・成城六丁目一八番）前にあった築山の上から、史郎さんに向けて雪玉を投げ付けるという挙に出る。すると、このイタズラ行為に三船は怒りもせず、逆に「お前も（雪玉を）投げ返したらどうだ!?」と、史郎さんに発破をかける。その姿は誠に堂々たるもので、子どもだったH氏らはあらためて三船の豪快さに感じ入った（恐れおののいた？）とのことである。

史郎氏に対しては、成城大学で馬術部の主将を務めているとき、三船は自身のプロダクション制作によるテレビ時代劇『五人の野武士』（日本テレビ系、一九六八―六九年）のために買った馬（『風林火山』同様、福島県の相馬で調達）の世話を依託、これを部に寄付しようとしたこともある。ちなみに、史郎氏が父親と一緒に乗馬を習得したのは、かつて千歳船橋の環状八号線脇にあった清風会（村上乗馬）にて。当乗馬クラブでは志村喬と千秋実も乗馬に親しんでいる。

三船以外にも成城に住んだ映画人の多くが、子女たちを成城学園で学ばせている。かつて植村泰二が息女の泰子さんを入学させたのは、成城の〈新しい教育〉に強く賛同してのことであったが、なにせ彼らの自宅と学園は近かった。監督では成瀬巳喜男、稲垣浩、黒澤明、本多猪四郎、青柳信雄など、脚本家では八住利雄、俳優では三船をはじめ、千秋実、加東大介、堀雄二などが、こぞって子どもらを成城学園に預けた。

とりわけ家が学園から近かった三船は、たまに自動車部の部室に現れては、部員たちをMG―TDに乗せ、成城の街を走ってくれたという。このことは、のちにレーサー・自動車評論家になった徳大寺有恒氏が雑誌のインタビュー(10)で証言しており、三船が成城の学生と意外な交流をもっていたことに驚かされたものである。

三船敏郎が成城の商店街を歩いている姿など、想像もできないことだ。筆者も目撃したことは一度もない。これまで、どんなお店がお気に入りだったか明かされたこともほとんどないが、ご家族からは北口駅前にあった中華料理店・栄華飯店によく食べに行っていたとうかがっている。また、若いときの三船は、散髪を成城六丁目にあった星野美容所(理髪店)ですませていたようで、前述のN氏はときおりこの店で三船父子と一緒になり、散髪中の三船に「映画と同じ豪快さ」を感じたそうだ。

自身のプロダクションも成城に――俳優人生の終焉

東宝からの要請により自身のプロダクションを立ち上げることになったとき、三船は施工する建設会社からさまざまな土地を候補に挙げられている。しかし、ここでも三船は長く住まい、愛着のある成城の地にこだわる。

石原裕次郎が所有し、ヨットを置いていた成城九丁目の地所を譲り受けた三船は、さらに土地を買い増しして、ここに事務所兼スタジオを建設。二千坪の地所には時代劇を撮影できる江戸の町のオープンセットも設け、その敷地は調布市入間町にまで及ぶ。撮影機材は、三船が出演した初めてのアメリカ映画『グラン・プリ』（監督：ジョン・フランケンハイマー、一九六六年）のギャラ、三十万ドル（当時の日本円で一億八百万円相当）が充てられたというから、三船はまさに私財を注ぎ込んで成城での映画作りに賭けたことになる。五社協定[11]の壁を越え、近所住まいの裕次郎（石原プロ）とタッグを組んだ『黒部の太陽』（監督：熊井啓、一九六八年）も、成城の地から生まれた映画といっていいだろう。

やがて、映画は斜陽産業となっていき――建設当時もすでに製作本数は激減していたが――、三船プロはテレビ時代劇やドラマの製作を請け負うことにより、プロダクションを存続させるという道を選ぶ。そして、その運営と維持に苦慮した三船は、長く映画に出演できない時期が続く。実際、一九七一年から七七年までの七年間、三船は国内では一本の映画にも出ていない。一旦テレビシリーズに関わってしまえば、その撮影スケジュールを守るのに精いっぱいで、映画主演どころの話ではなかったのだろう。

ましてや、念願だった黒澤明監督作品『デルス・ウザーラ』（一九七五年）への出演など、どう考えても実現は不可能。三船プロの事務所内に「黒澤プロダクション」の看板を掲げた部屋まで設けた三船の黒澤への思いはかなわぬまま、一九九七年十二月二十四日、三船は『深い河』（監督：熊井啓、一九九五年）出演を最後に、その俳優人生に終止符を打つ。報じられた死因は「全機能不全」。それはまさに、ボロボロの死を思わせるものであった。

おわりに——晩年のミフネと世界からの評価

三船敏郎の「お別れの会」に参集した弔問客は、石原裕次郎（三万三千五百人）や勝新太郎（一万一千人）といったかつての〝スター・プロ〟の仲間たちと比べても圧倒的に少ない千八百人あまり。渥美清は三万五千人、同じ青山葬儀所でおこなわれた美空ひばりの葬儀には四万二千人の弔問者があったというから、その差は歴然としている。

晩年の不倫スキャンダル・離婚騒動などで受けたマスコミからのバッシングや、病気（老人性認知症を患っていたと伝えられる）による映画出演減少の影響もあったろうが、世界的俳優である三船の死への無関心さや無反応さには、子ども時代からのファンとしては、寂しさというより納得のいかぬ思いばかりが募った。

そんななか〝世界のミフネ〟を実感させてくれたのは、寄せられた弔電がスティーヴン・スピルバーグやチャールトン・ヘストン、マーロン・ブランド、アラン・ドロン、ジョディ・フォスターなど、海外のそうそうたる映画人からのものばかりだったことだ。フランスのジャック・シラク大統領からの弔電まであったというから、このスケールは他のどの俳優にも負けていないと、妙な溜飲の下げ方をしたことも、いまとなっては懐かしい思い出である。

時は流れて二〇一六年の十一月十四日（日本時間十五日）、三船敏郎は〝映画の都〟ハリウッドで

「殿堂（Walk of Fame）入り」を果たす。日本人としては、早川雪洲、マコ岩松に次ぐ三人目（ゴジラを含めれば四人目）となる殿堂入りだが、うれしさの半面、「なぜにいま頃になってからなのか」との複雑な気持ちも湧いてくる。

かくして、すでに長男の史郎氏・暁美氏夫妻と知己を得ていたこともあって、孫にあたる力也氏

写真13　ハリウッド殿堂入りセレモニー（筆者撮影）

も含めた三船ファミリーからハリウッドへの同行を許された筆者は、その受賞セレモニーに出席させていただくという栄誉にあずかる。折から、三船さんに関する書物『三船敏郎、この10本』[12]の刊行を企画していたこともあり、これは自著できちんと報告せねばならぬ、との意を強くしての聖林入りであった。

これに合わせてチャイニーズ・シアターで特別上映されたのが『MIFUNE：THE LAST SAMURAI』で、前述のとおり日本では二〇一八年春にロードショー公開され、大きな反響を呼んだ。さらに、この年は拙著も含め、二冊の「三船本」が相次いで出版されたほか、スピルバーグ作品『レディ・プレイヤー1』（二〇一八年）やウェス・アンダーソン監督の『犬ヶ島』（二〇一八年）といった外国映画に三船をイメージしたキャラクターが連続登場、にわかに三船フィーバーが巻き起こる事態となる。イギリスのBBCが企画した「史上最高の外国映画」の第一位に『七人の侍』（第四位は『羅生門』〔監督：黒澤明、一九五〇年〕）が選出されたのも、この年のことであった。

『MIFUNE：THE LAST SAMURAI』を見たハリウッドの観客の反応では、『蜘蛛巣城』で三船に矢を射ったのが大学の学生だったことが明かされたときに起きた〈どよめき〉と、『STAR WARS』のオビ＝ワン・ケノービ役のオファーを断ったエピソードが紹介されたときに起こった〈悲鳴のような叫び〉が印象に残る。

つねづね三船が「悪役はやらない」と言っていたことから、これをロサンゼルス在住のエージェントが忖度して断ってしまった、といわれる『STAR WARS』出演辞退の顚末。もし三船敏郎が『隠し砦の三悪人』をベースにした、この人気スペース・オペラに出演していたとしたら、〝世界のミフネ〟どころか〝銀河系＝宇宙のミフネ〟になっていたかもしれず、つくづくもったいないことをしたようにも思える。それでも、最後の最後まで成城に住まい、成城という地にこだわって映画作りを続けた三船敏郎が、いまも世界中からリスペクトを受け続けていることが、幼少時から三船作品に親しんできた筆者には何よりも大きな喜びであり、誇りである。

そう、三船敏郎は「成城が生んだ〝世界のミフネ〟」であり、『STAR WARS』には出ずとも、十分すぎるくらいの存在感と実績を残した俳優なのだから……。

注

(1)「成城学園八十年」編集小委員会編『成城学園八十年』成城学園、一九九八年、五一ページ

(2)成城学園教育研究所編『学校と街の物語——成城学園の100年をつくった人びと』新潮社図書編集室、二〇一七年、八六ページ

(3)中江泰子/井上美子『私たちの成城物語』河出書房新社、一九九六年

(4)本作はCIE(民間情報教育局/連合国総司令部＝GHQの一部局)の検閲により、上映は不許可処分となるが、サンフランシスコ講和条約が発効された一九五二年になってようやく公開された。

(5)三船敏郎「私の人生劇場I・軍隊七年で上等兵」「週刊アサヒ芸能」一九六一年九月三日号、徳間書店、六四ページ

(6)「谷口千吉インタビュー」「浪漫工房」第八号、創作工房、一九九五年、六三ページ

(7) 同インタビュー六三ページ
(8) 山崎努「世界のミフネとものまね合戦」、「特集 鮮やかに生きた昭和の100人」「文藝春秋」二〇一三年五月臨時増刊号、文藝春秋、九二ページ
(9) 成城高校の「中国人留学生会館」の跡地で、のちにはP.C.L.の野球チームも使用したグラウンド=低地に建てられた住宅群。現在の成城ハイム西方に位置する。
(10) 徳大寺有恒「私の地図」「週刊現代」二〇一四年三月一日号、講談社、七一ページ
(11) 当時の日本映画大手五社（松竹、東宝、大映、東映、日活）間で結んでいた監督や俳優の引き抜き、他社出演を禁じる協定。これにより『黒部の太陽』も一時、頓挫しそうになった。
(12) 高田雅彦編・著、三船プロダクション監修『三船敏郎、この10本――黒澤映画だけではない、世界のミフネ』白桃書房、二〇一八年

第2部　都市・住宅・近代

第4章　教育する家族の生活と教育
——成城を事例として

岩田一正

はじめに

本章では、朝日住宅展覧会（東京朝日新聞社主催、一九二九年）が、郊外住宅地である成城（当時は砧村大字喜多見）で昭和初期（一九二〇年代半ばから三〇年代初頭）に開催された歴史的な背景につながると想定できるいくつかの事象を概観する。その概観を通じて、同展覧会はどのような人々のどのような生活を射程に収めて開催されたのか、そしてその生活と子どもの教育はどのように関連していたのかを分析することが、本章の課題である。

以下では、第1節で、明治半ば（一八八〇年代から九〇年代半ば）以降に子どもに注目が集まったことを示すいくつかの事象について記述し、第2節では、朝日住宅展覧会の背景に存在する明治後期以降の住宅政策を概観する。第3節では、朝日住宅展覧会に照準し、子どもの教育を重視する新中間層が集住した郊外住宅地だった成城では、どのような住宅が建築されたのか、そしてその住宅から子どもの教育に関して何が見えてくるのかということを検討したい。

1 配慮すべき存在としての子どもの発見

本節では、人生の価値ある時期を過ごすために、愛情を注いで教え育てるべき存在である子どもをめぐる市場が明治半ば以降に広がったこと、また学び育つ環境の整備も子どもに対する配慮の一つとされたことを指摘することにしたい。

近代日本では、明治半ば以降に子ども（とその親）を消費者とする市場が創出された。例えば、活字メディアでは「少年園」（少年園、一八八八年創刊）、「小国民」（学齢館、一八八九年創刊）、「少年世界」（博文館、一八九五年創刊）、「少年倶楽部」（北隆館、一八九七年創刊）、「少年界」（金港堂書籍、一九〇二年創刊）、「少年」（時事新報社、一九〇三年創刊）、「日本少年」（実業之日本社、一九〇六年創刊）といった少年雑誌が一八八〇年代末から一九〇〇年代に、「少女界」（金港堂書籍、一九〇二年創刊）、「日本の少女」（大日本少女会、一九〇五年創刊）、「少女世界」（博文館、一九〇六年創刊）、「少女の友」（実業之日本社、一九〇八年創刊）といった少女雑誌が一九〇〇年代に創刊されている。

また、一九〇〇年代半ばからは、子ども（こども、子供）や児童といった名称が付いた博覧会が開催され、玩具、遊戯、衣服、音楽、学用品、衛生品、食料品などに関する家庭教育の理想像を提示する機能を果たすことになった。

東京に注目すると、一九〇六年にこども博覧会（同文館主催）、〇九年に児童博覧会（三越呉服店

写真1　児童博覧会
（出典：「三越のあゆみ」編集委員会編『三越のあゆみ』三越本部総務部、1954年）

主催。写真1)、同年に万国玩具博覧会(三越呉服店主催)が開催されている(三越呉服店は、一九〇八年にそこにいけば子どものものがすべてそろうという「子供部」を新設していた)。

これらの少年・少女雑誌の創刊や家庭教育の理想像を展覧する博覧会の開催は、明治半ば以降に「小さな大人」ではない存在として、詳言すれば、大人とは異なった独自の興味や関心を有する存在であり、そのために配慮しなければならない存在として、したがって、人生の価値ある時期を過ごすために、愛情を注いで教え育てなければならない存在として、子どもが発見/認識され、その子どもに照準した市場が創出され、規模を拡大していったことを物語っている。

なお、子ども(とその親)を消費者とする市場が規模を拡大する時期は、国民教育が制度的に整備され確立する時期でもあり、言い換えれば、小学校で国民教育を受けることが人々の社会的な慣行になる時期でもあった。(1)

そのため、国民教育や学校教育が子どもの生活世界に浸透し始めた時期に、子どもは配慮すべき存在として発見されたのであり、(2)その配慮の現れが、子どもに少年雑誌や少女雑誌、また玩具や衣服、学用品を買い与えたり、博覧会が提示する家庭教育の理想をわが家で実現したりすることだったといえるだろう。つまり、明治半ば以降になると、子どもに配慮することが親や教師をはじめとする大人に要請されるようになったのだ。

2　住宅政策と子ども

子どもに対する教育では、子どもが学び育つ環境に対する配慮も必要になるが、その環境の一つが住宅である。本節では、明治後期（一八九〇年代半ばから一九一〇年代初頭）以降の住宅政策を、郊外への関心に焦点を合わせて概観することにしたい。

近代日本で、人々の関心が都市郊外に向けられ始めたのは二十世紀初頭のことだった。実際、エベネザー・ハワードとその著作（*Garden Cities of To-Morrow*、一九〇二年）に影響を受け、ヨーロッパの田園都市建設の動向を分析し紹介した、内務省地方局有志編『田園都市』（博文館）が一九〇七年に出版されているし[3]、関西のいくつかの私鉄が『田園都市』などに刺激され、一〇年頃から郊外住宅地の開発や経営に着手し始めている。例えば、箕面有馬電気軌道（小林一三創業、阪急電鉄の前身）が開発し、一〇年に分譲を開始した大阪市の北西に位置する池田室町住宅地が、そのような郊外住宅地として著名である。

箕面有馬電気軌道は、文化施設やイベントなどを媒介させながら、子どもを中心にした家族に慰安を提供する郊外文化を演出することによって、優良な生活環境というイメージを池田室町をはじめとする郊外住宅地に刻印し続け、増大しつつあった新中間層にふさわしい郊外生活をデザインした。そしてそのイメージとは、生活環境としては劣悪な大阪市と対比して語られる、「田園趣味に富める楽しき郊外生活」「理想的新家屋」「模範的新住宅地」「郊外に居住し日々市内に出でて終日の勤務に脳漿を絞り、疲労したる身体を其家庭に慰安せんとせらるる諸君」といった文言[4]に見られる豊かさや静謐さだった。

一方、東京の人口分布を見ると、関東大震災（一九二三年九月一日）が郊外人口を加速度的に上昇させた出来事だった。事実、東京市の人口と、一九三二年に東京市に組み込まれる五郡（荏原郡、豊多摩郡、北豊島郡、南足立郡、南葛飾郡）八十二町村、三六年に東京市に編入される千歳村と砧村（ともに北多摩郡）を合わせた計八十四町村の人口とを国勢調査によって比較すれば、次の表1のとおりになる。

表1　国勢調査に基づく人口推移

	東京市	84町村
1920年	2,173,201人	1,184,985人
1925年	1,995,567人	2,113,546人
1930年	2,070,913人	2,916,000人

しかし、住宅政策や博覧会・展覧会を概観すると、関西の私鉄に後れを取ってはいたが、関東大震災以前から東京でも郊外住宅地の開発が射程に収められていたことを認識することができる。[5]

新中間層の新しい生活を希求する動きに対応して、一九一〇年代半ば以降に家庭や生活、住宅をテーマにする博覧会・展覧会が開催されていた。家庭博覧会（国民新聞社主催、上野公園不忍池畔、一九一五年）、生活改善展覧会（文部省主催、東京教育博物館、一九一九―二〇年）、平和記念東京博覧会（東京府主催、上野公園不忍池畔、一九二二年。写真2）などが開催され、文化生活の理想、文化生活にふさわしい住宅の様式、新しい都市のあり方のモデルが提示された。

また、住宅政策を見れば、一九二〇年に文部省の外郭団体生活改善同盟会が組

写真2　平和記念東京博覧会鳥瞰図
（出典：世田谷美術館／世田谷住宅史研究会編『田園と住まい展――世田谷に見る郊外住宅の歩み』世田谷美術館、1989年、40ページ）

織され、同会が下部組織である住宅改善調査会の研究調査に基づいた『住宅改善の方針』を、同年に編集し発行していたことを指摘できる。

同書では、①「住宅は漸次椅子式に改めること」、②「住宅の間取設備は在来の接客本位を家族本位に改めること」、③「住宅の構造及び設備は虚飾を避け衛生及び防災等実用に重きを置くこと」、④「庭園は在来の緩衝本位に偏せず保健防災等実用に重きを置くこと」、⑤「家具は簡便堅牢を旨とし住宅の改善に準ずること」、⑥「大都市では地域の状況に依り共同住宅（アパートメント）並に田園都市の施設を奨励すること」という六項目の住宅改善方針が示されていた。したがって、文部省系の住宅政策が関東大震災以前にすでに、「田園都市」という郊外で新中間層が営む「家族本位」の洋風化された文化生活や文化住宅を射程に収めていたことを認識できる。[(6)]

これまで見てきた博覧会・展覧会や住宅政策で示された、郊外での家族本位の洋風化された文化住宅で営まれると想定できる文化生活は、単に理想的なイメージであるだけにとどまらず、実際に大正期から昭和初期（一九一〇年代初頭から三〇年代初頭）にかけて活発におこなわれた東京の郊外住宅地の開発・販売で具体化された。

桜新町、日暮里渡辺町、大和郷、目白文化村、大泉学園、小平、国立、洗足住宅地、多摩川台（今日の田園調布）、大岡山、城南住宅などは、新中間層を中心とする人々に文化生活や文化住宅を具体的に示す郊外住宅地だった。同時にこれらの住宅地が豊かさや静謐さに関連する文化的記号を刻印されながら建設されることによって、郊外住宅地に新中間層の欲望を動員していくことになった(7)。

郊外住宅地開発を支えた新中間層の欲望とは、借家ではない庭付きの自宅をもちたいというものであり、その欲望に関して、山室信一は次のように記している。

> （略）借家暮らしではあれ、庭付きの家に住むことが幸福の証とされた。その一つの現れは、一九二七年にアメリカでヒットしたMy Blue Heavenの堀内敬三訳詞による「私の青空」の一節、「狭いながらも楽しい我が家」が、暖かい家庭《ホーム》を表す言葉として二村定一《ベーちゃん》や榎本健一《エノケン》の歌唱とともに津々浦々まで浸透していった事実からも知ることができる(8)。

一九一九年に実施された「東京市及近接町村中等階級住宅調査」では、二三三八世帯のうち自宅をもつものは一九一戸で、二一四七世帯すなわち約九二％が借家暮らしであった。こうした状況に対して、地価の高い都心部を離れて郊外に自宅を建てるための住宅地開発が大阪や東京の私鉄によって進められた。東京では関東大震災以後、新宿以西や千葉の船橋方面に向けて居住地が急速に広がっていった。(9)

歌について付言すると、一九二九年に映画『東京行進曲』(監督:溝口健二)が公開されたが、映画と同名の主題歌(作詞:西条八十、作曲:中山晋平、歌:佐藤千代子)は日本初の映画主題歌とされている。

その主題歌は、「関東大震災によって面目を一新した東京の風物を軽快なダンスのリズムで描いて見せ(10)」大ヒットしたが、二番の歌詞に「恋の丸ビル　あの窓あたり／泣いて文書く　人もあろ／ラッシュアワーに　拾った薔薇を／せめてあの子の　思い出に」とあり、四番の歌詞に「シネマ見ましょか　お茶飲みましょか／いっそ小田急で　逃げましょか／かわる新宿　あの武蔵野の／月もデパートの　屋根に出る」とあった。

内容はおくとして、小田原急行鉄道は、この曲によって名を高めることになったのであり、結城亮一によれば、小田原急行鉄道が小田急と呼ばれるようになった契機が、この主題歌の大ヒットだったという。(11)また、二番の歌詞にある「丸ビル」「ラッシュアワー」から、都心の業務空間への集約化や住宅地の郊外化と連動した職住分離と交通機関の発達を、われわれは読解することができる。

ところで、前記した郊外住宅地のうち、大泉学園は東京商科大学(移転せず)、小平は明治大学(移転せず)、東京商科大学予科、津田英学塾、国立は東京商科大学本科・商学専門部、東京高等音楽学院、大岡山は東京高等工業学校の移転を前提した郊外住宅地だった。高等教育中心だが、これらの住宅地の存在は、郊外住宅地で文化生活を演出する重要な構成要素、文化的記号として学校教育が視野に収められ、学園都市が郊外住宅地の一つのスタイルとして浮上してきたことを物語っている。

以下で見ていく成城は、初等・中等教育を中心とする教育機関が移転して形成された住宅地だった。(12) もちろん、成城学園の移転は、移転翌年に戦前の高等教育機関の一つだった高等学校が創設されたことに見られるように、高等学校創設を想定したものだったが、成城学園を象徴するのは、新教育の拠点として著名な成城小学校だった。したがって、成城は人生の価値ある時期を過ごす子どもの教育に適した環境として存在した郊外住宅地だった点に、ほかの住宅地と異なる特色を有していた。

3 成城という学園都市——朝日住宅展覧会から見えてくるもの

本節では、成城が学園都市になるまでの経緯を成城学園に焦点を合わせて最初に概観し、続いて朝日住宅展覧会を契機として成城に居住するようになった新中間層の人々が、住環境と子どもの教育をどのように関連づけていたのかを記述し、最後に新中間層の家庭で子どもの教育を担ったのは誰なのかに関する論点を提示する。

成城が郊外の学園都市になるまでの経緯

以下では、『成城学園五十年』[13]と『成城学園六十年』[14]に基づきながら、成城学園がワン・キャンパスになるまでの過程を略述しよう。

成城学園は、一九一七年四月の成城小学校の創設を起源とし、創設に際して、東京市牛込区原町三丁目にあった成城中学校（一八八五年創設）の校舎の一部を借りた。創設者は澤柳政太郎であり、彼は小学校の創設を認めるという条件で、一六年十月に成城中学校校長に就任した。

開校した成城小学校には、一年生二十六人、二年生六人（いずれも男子だけ）が入学したが、このうち二年生は二二年三月に卒業を迎える予定だった。このなかには中学校進学を願う者も存在し、親たちは成城小学校の教育精神に基づいた中学校を望んだ。子どもや親の願望を受けて同年四月に、成城小学校と同一校舎内に、エリート教育ではなく、全人教育を目指した成城第二中学校（五年制）が創設され、二十五人を迎えて入学式が挙行された。

一九二三年二月には、成城小学校と成城第二中学校の親全員が参加する成城後援会が設立された。後援会が最初に取り組んだのは第二中学校卒業生が進学する学校をどうするのかという問題であり、同年六月に七年制高等学校[15]を創設することを決議し、新しい校地を探すことになった。

関東大震災などのために紆余曲折を経たが、最終的に東京府北多摩郡砧村大字喜多見（現在地）が校地として選定された。親たちの尽力や地主の寄付などによって八ヘクタール（約二万四千坪）の校地が用意され、校舎建設資金は校地付近の土地（六・六ヘクタール〔約二万坪〕）を購入し、これを親や教職員に売却することで準備した。

一九二五年四月に成城第二中学校が新校地に移転し、新校地内に創設された成城玉川小学校も開校した。また、同年五月には成城幼稚園も開園した(成城玉川小学校と成城幼稚園は、一九二七年九月に現在地〔祖師谷〕に移転)。二六年四月には成城高等学校が創設され、同時に成城第二中学校は廃校になり、成城高等学校尋常科になった。

成城小学校は前記したように、当初は男子校だったが、一九二三年度から男女共学制を採用した。二七年三月には在学する女子児童の最高学年生が卒業する予定だったため、二六年の後援会評議員会・女学校問題協議会での議論を踏まえて、成城高等女学校(五年制)が設立されることになった。そして二七年四月に入学式が挙行され、十九人が入学した。

なお、高等女学校が創設された一九二七年四月には、小田原急行鉄道が小田原線の運行を開始したが、そもそも、現在地に成城学園が移転したのは、現在の位置に駅を設置すること、駅名を学校名にすること、急行電車を止めることなどを、小田原急行鉄道と成城学園が取り決めたからだった[16]。

同年十二月に澤柳が急逝し、牛込区原町にあった成城小学校の帰属問題が生じた。その結果、一九二八年四月に成城玉川小学校が成城小学校に改称され、牛込区原町にあった成城小学校が成城小学校分教場となったが、二九年三月にはその分教場が閉鎖された。これによってワン・キャンパスの総合学園が、現在地に形成されたと見ることができる。したがって、以下で見ていく朝日住宅展覧会は、成城学園がワン・キャンパスになった時期に開催されたのであった。

朝日住宅展覧会

一九二九年二月二十六日付「東京朝日新聞」十一面に「中、小住宅設計の図案懸賞募集 新時代の住宅モデルを提供 賞金二千三百円」という、東京朝日新聞社が主催する懸賞の広告が掲載された。広告には、懸賞の意図が次のように記されていた。

楽しい家庭生活は明るく美しい住宅に営まれる。保健、衛生、防寒、防暑の近代的設備はもとより震災、火災、盗難等に対する最新式設備が考慮された新住宅の建設普及こそ今日の我国でもつとも考究され実行されなければならないことである。（略）本社はここにこれ等の点をも考慮したる新時代の住宅設計図案を募集しこれを発表実施して家庭生活幸福増進の一端に資せんと欲するものである

懸賞募集は同年四月二十日に締め切られ、応募があった五百案のうち、八十五案を収録した『朝日住宅図案集』（朝日新聞社）が同年七月に出版された。入賞した十六案は、竹中工務店の施工によって実際に建築されることになり、建築されたモデルハウスは、同年十月二十五日から十一月二十四日に開催された朝日住宅展覧会で分譲された。そして一九三〇年三月には、モデルハウスの写真集『朝日住宅写真集』（朝日新聞社）が出版されたのであった。

前記の広告に建築敷地は東京近郊とだけ記されていたが、モデルハウスが建設され展覧会会場に

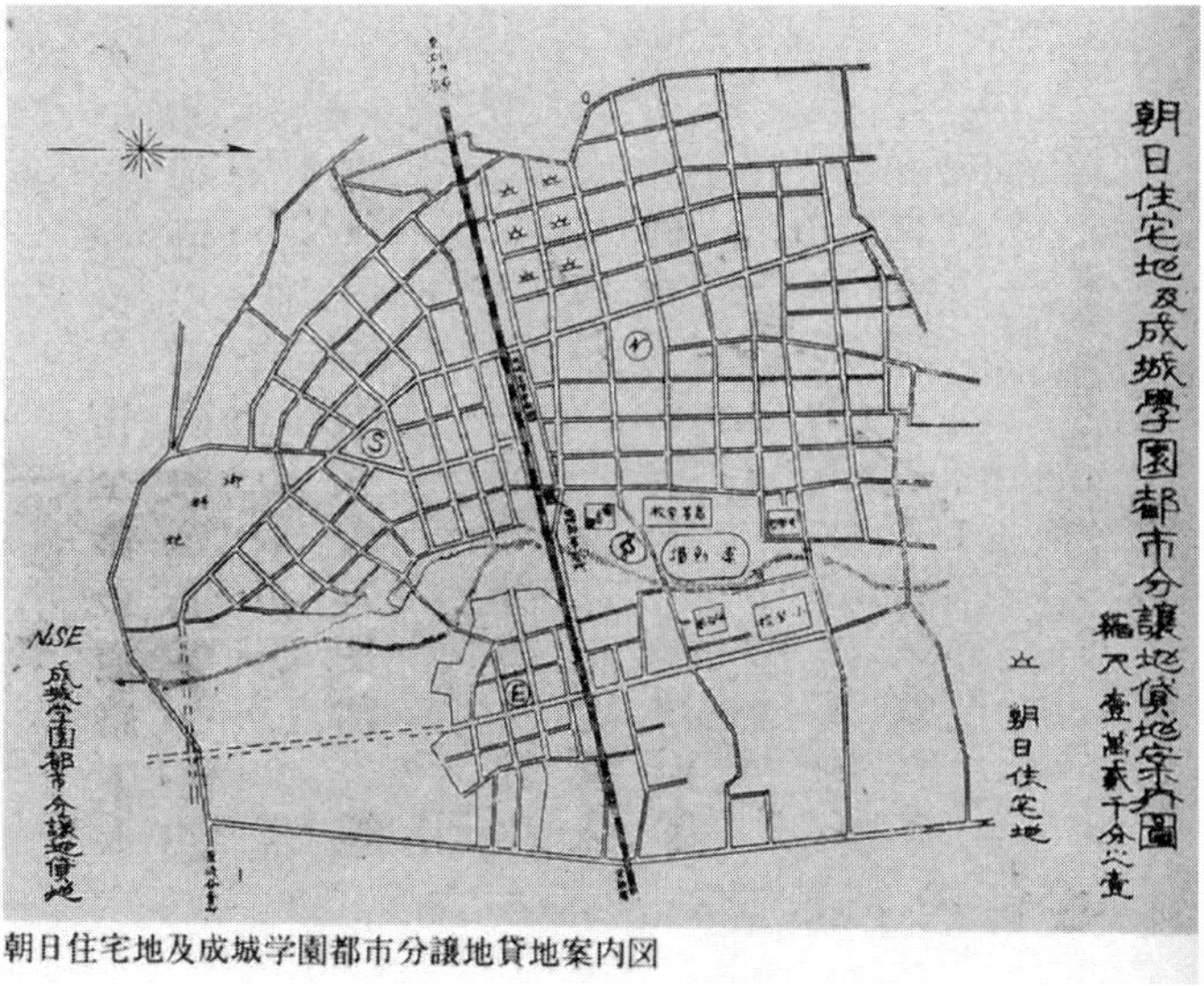

写真3　朝日住宅地及成城学園都市分譲地貸地案内図
（出典：前掲『田園と住まい展』66ページ）

なったのが成城学園前だった（写真3）。成城学園前が選ばれたのは、衛生上の理由（「付近に工場はないか、貧民窟はないか、風上に練兵場や、塵埃が立つやうな地面がないか」「郊外にあつては日光は十分に取ることができるか」など）、交通上の観点（電車の便と線路からのある程度の距離、道路の広さ）、土地が高燥であること、眺望がいいことといった条件を満たす理想の住宅地だったからだという[17]。

朝日住宅展覧会は、最終的には一カ月で五万人以上の入場者を集めて成功裏に終わった。展覧会以前に住宅購入を申し込み、開・閉会式で居住者を代表して言葉を述べた、陸軍軍人であり、『肉弾』（英文新誌社、一九〇六年）などで知られる作家でもあった桜井忠温によれば、展覧会終了後も図案集を手にした見物人が

朝日住宅
十二號型
設計者 佐々木清治

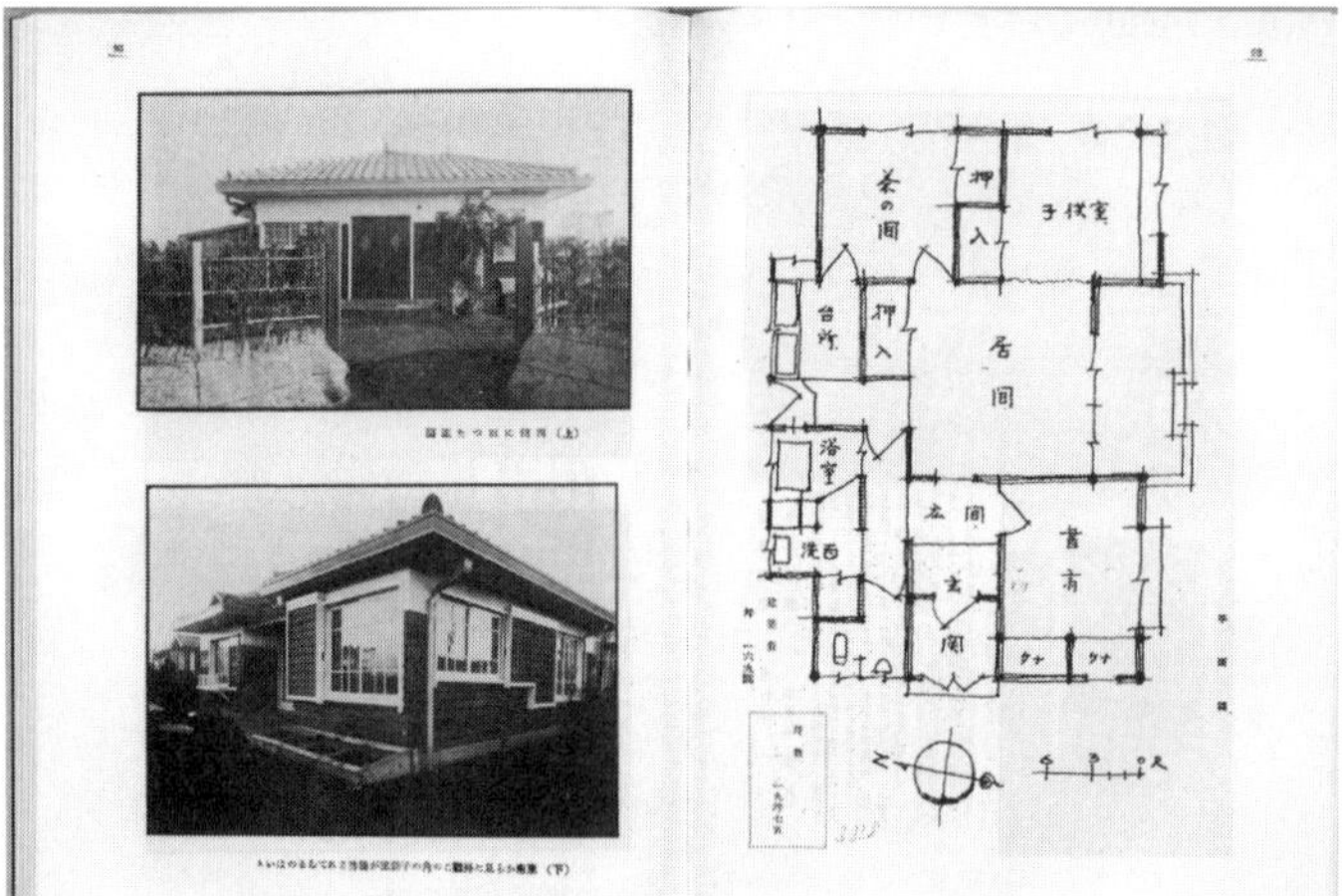
茶の間
押入
子供室
台所
押入
居間
浴室
玄関
書斎
洗面
タナ
タナ

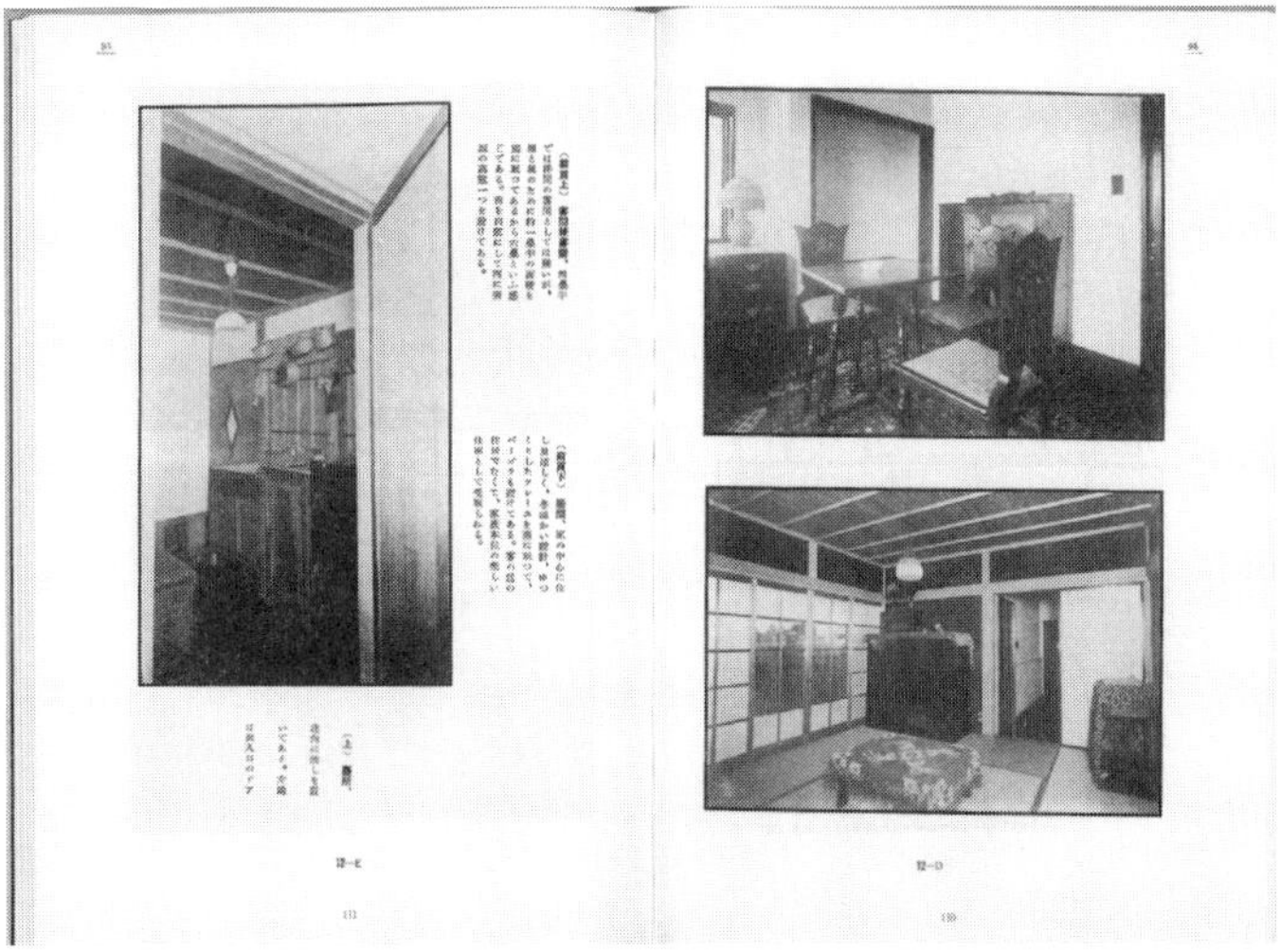

写真4　朝日住宅第12号
（出典：朝日新聞社『朝日住宅写真集』朝日新聞社、1930年、91—95ページ）

多かったという。(18)

教育する家族による教育

朝日住宅展覧会を契機として成城に居住することになった人々は、子どもの教育と成城での郊外生活との関係をどのように捉えていたのだろうか。『朝日住宅の住心地』（朝日新聞社『朝日住宅写真集』〔朝日新聞社、一九三〇年〕所収）には新居住者三人の文章が収められているが、そのなかの二人の文章は郊外生活と子どもの教育を関連づけたものだった（残る一人は桜井忠温）。

以前住んでいた「杉並町の非衛生的な借家でひどい目にあった」経験から小田急沿線に居住することを考えて朝日住宅展覧会に注目し、最終的に朝日住宅第十二号を購入した木村煥は、子どもの希望に基づいて富士山を眺めることができる成城を居住地として選択し

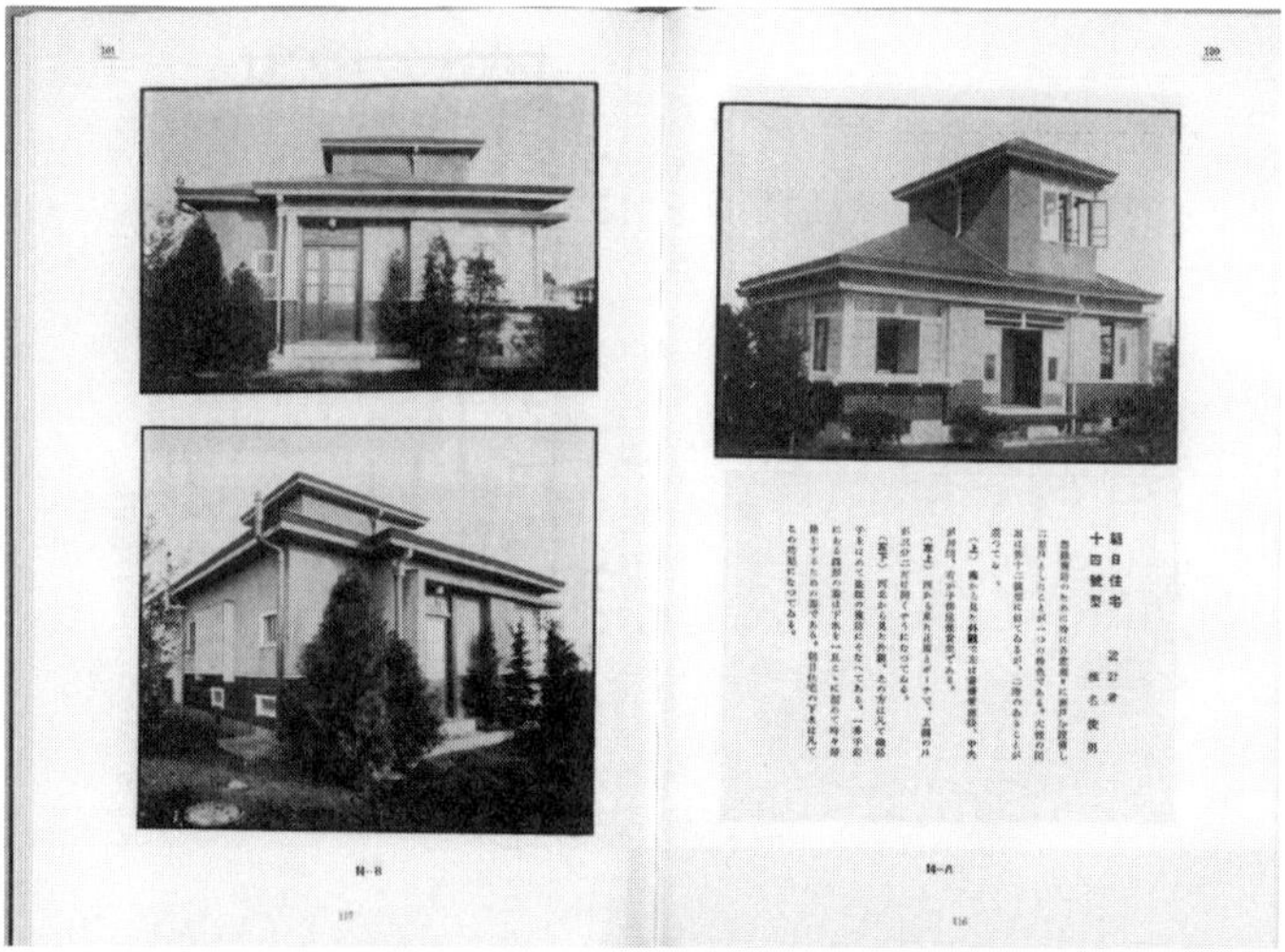
朝日住宅
十四號型
設計者
14-B
14-A

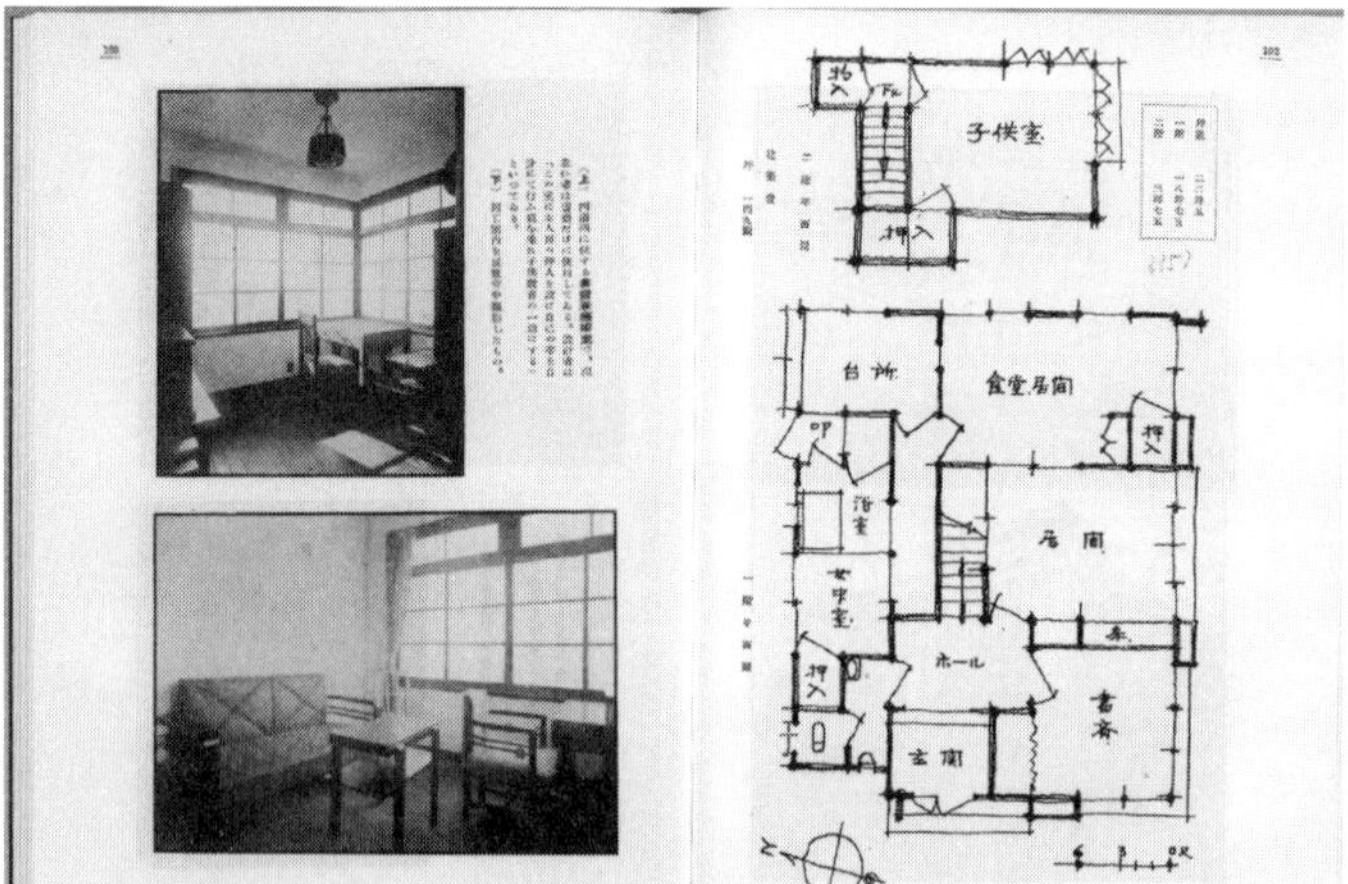
子供室
押入
台所
食堂居間
押入
浴室
居間
女中室
ホール
押入
書斎
玄関
14-D
14-C

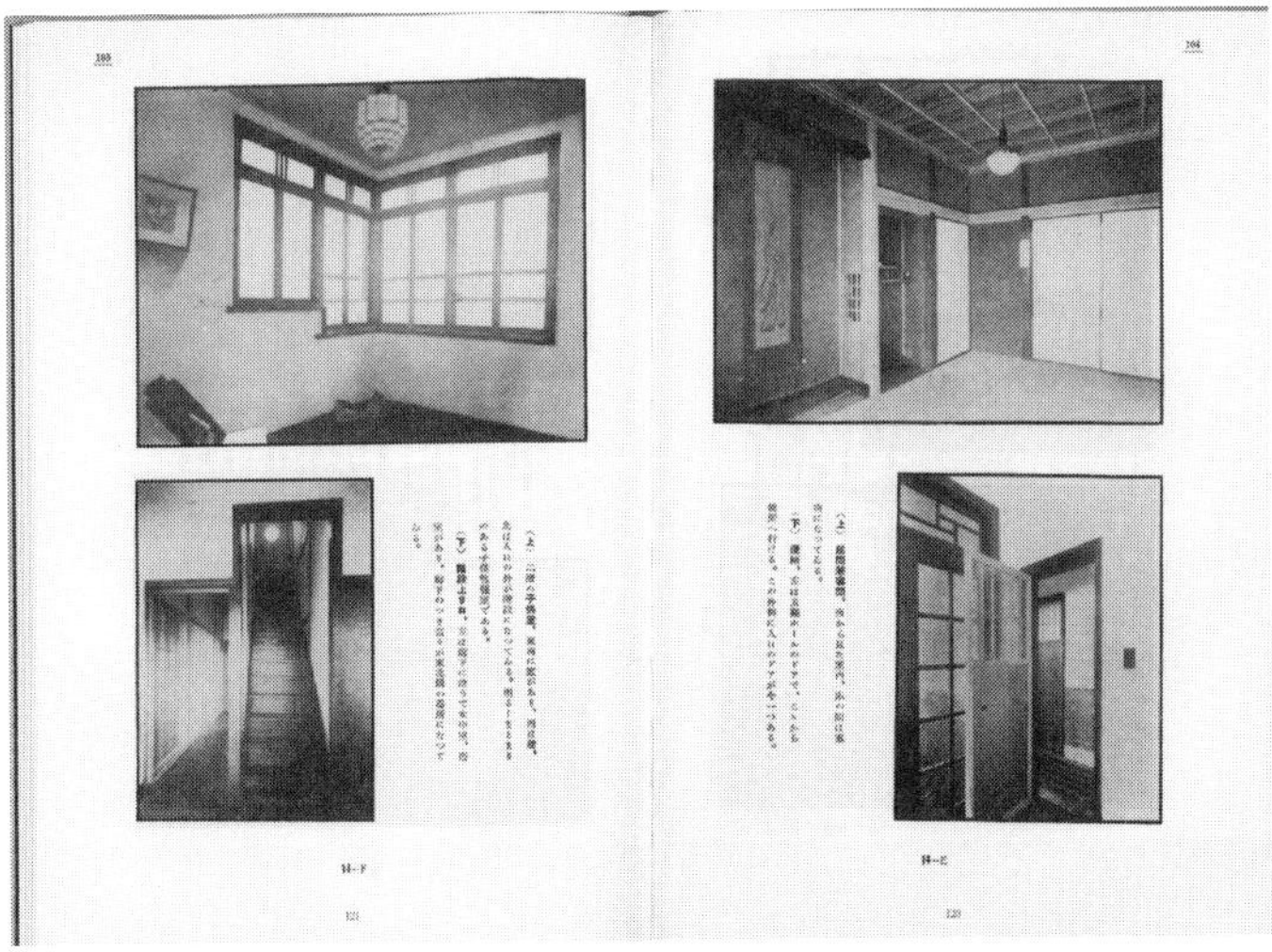

写真5　朝日住宅第14号
(出典：同書100—105ページ)

たこと、成城に住むことによって子どもの健康が増進し、子どもが自然に親しむようになったことなどを記している[19]。

朝日住宅全十六号は、「従来の接客本位の設計を家族本位の設計に改めた点」、すなわち「居間を家の中心にして、子供室を優待し、玄関、応接等を西北に取つて東と南とを専ら家族の慰楽と休息との目的に当てた[20]」点が共通しているが、第十二号も例外ではなく、その平面図などを見れば、子ども部屋が日当たりがいい東南の角部屋に位置していて、木村の「子ども」への行き届いた配慮がわかる(写真4)。

「砧の家は、子供本位に選んだ私達の目的を十分に充たしてくれる」とつづる田中孝一郎が購入した第十四号は二階建てであり、二階は子ども部屋一室だけであるため、子ども部屋の日当たりは第十二号以上にいい（写真

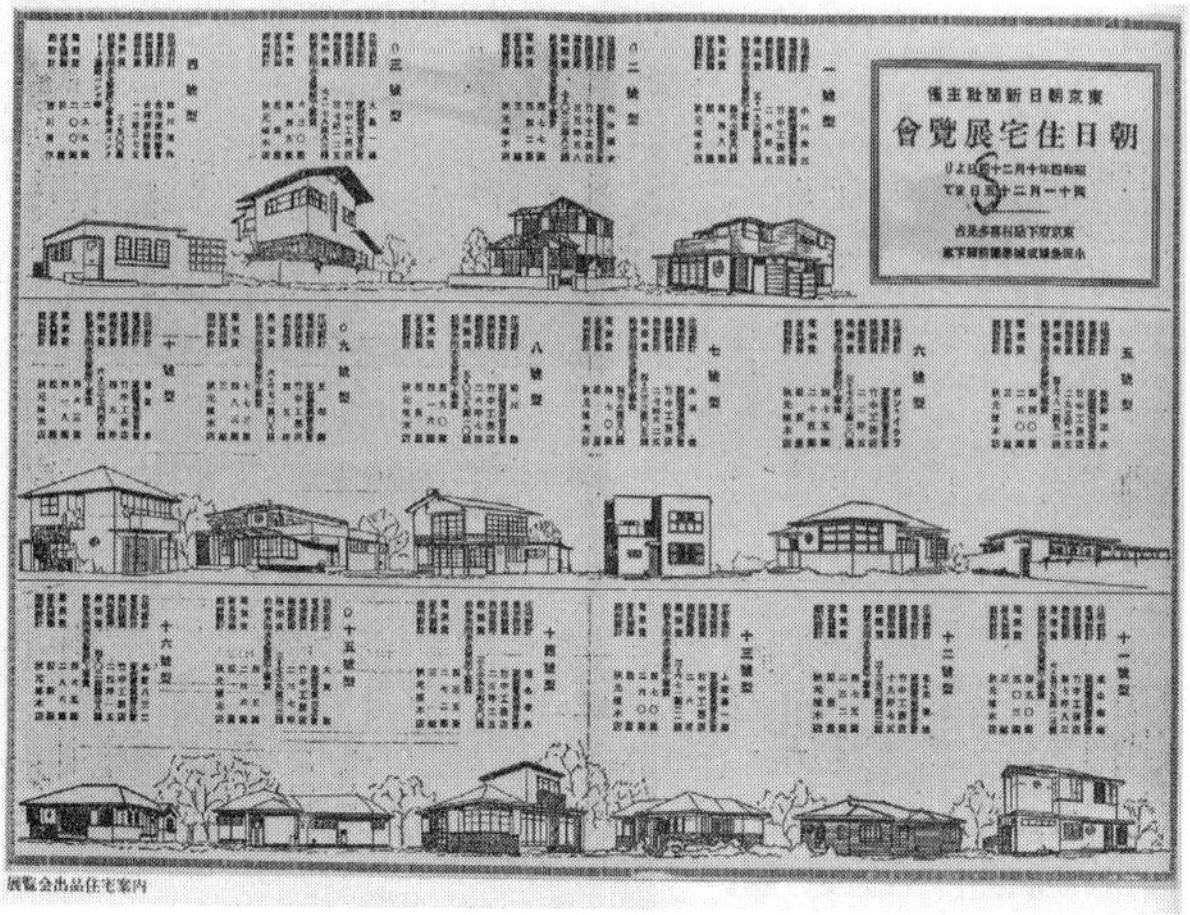

写真6　朝日住宅展覧会出品住宅案内
（出典：前掲『田園と住まい展』68ページ）

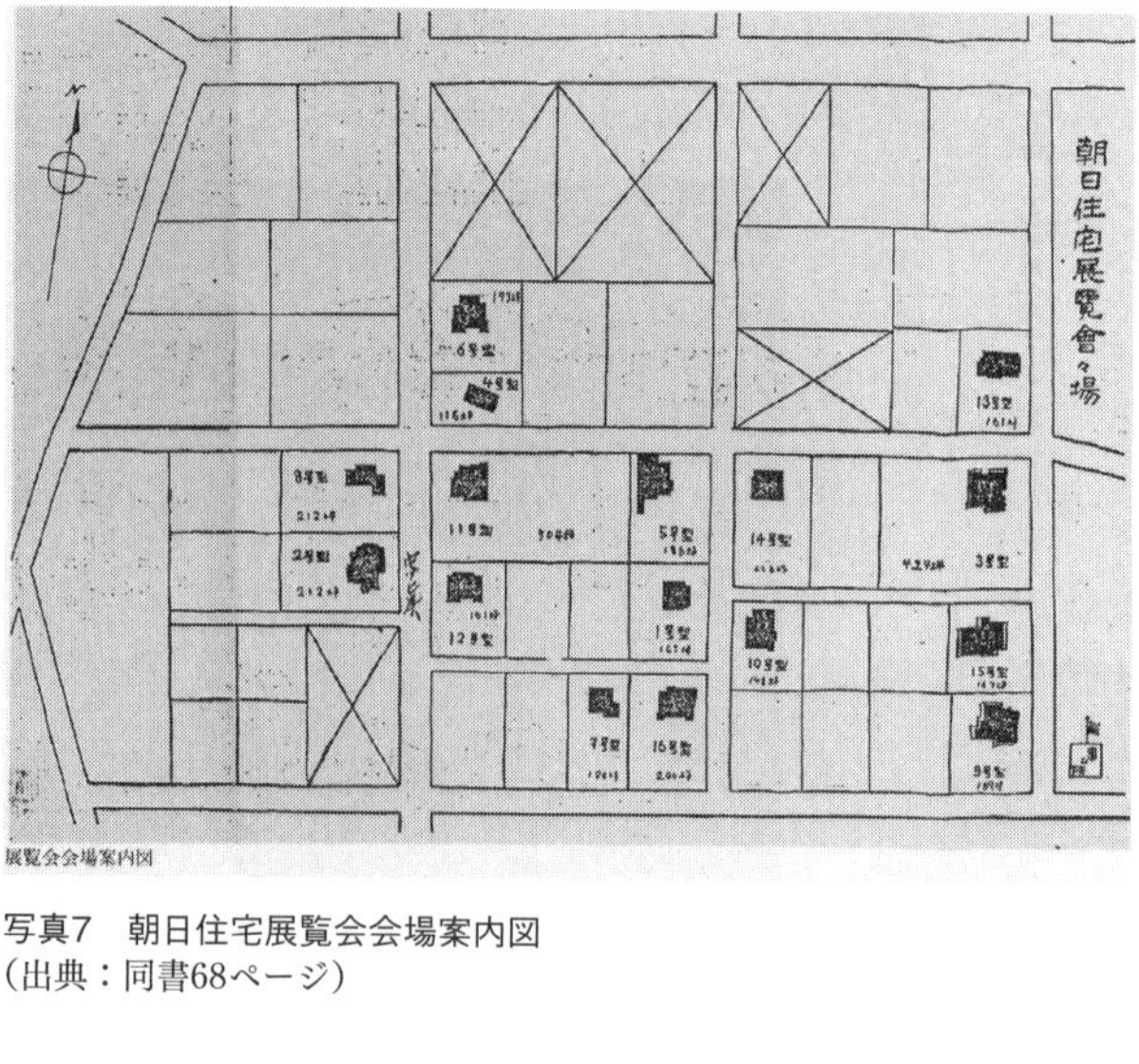

写真7　朝日住宅展覧会会場案内図
（出典：同書68ページ）

5）。また、「砧の家にはおばあさんと陽子（七歳）と八起（四歳）と女中とがもつぱら住つてゐる。（略）砧の家へは夫婦で代り代りに二日おきか三日おきくらゐに骨休めに泊りに行くのである」と記されていることから、田中にとって第十四号は文字どおり「子供本位」の住宅だったということができる。子どもには生きる力が備わっているのだから、身体と精神が十分に成長すれば、将来の生活がどのようになろうとも適応することができる、そして身体と精神が十分に成長するには自然に恵まれた郊外こそ最適であり、郊外では子どもの安全に対する親の懸念も極小化できると述べる田中には、成城という郊外住宅地は子どもの学び育ちにとってこのうえない環境だった(21)。

木村と田中の文章は、子どもの教育を非常に重視し、それに対しての責任を住宅地の選定や部屋の配置といった住環境まで含めて果たそうとする「教育する家族」が成城に集住したことを示唆している。なお、ここでの「教育する家族」とは、共同体や一族などではなく、ほかならない親こそが子どもに対する意図的な教育の責任を負うという「教育する意志」に基づいて、家庭を合理的に編成し、親が育児や教育に直接に携わる家族を意味し、このような家族は大正期の都市新中間層で成立したとされている(22)。

教育する家族による住環境への配慮についていえば、成城小学校の機関誌「教育問題研究・全人」（成城学園編）で、社会運動家・教育家の賀川豊彦が、貧民窟やそこに暮らす子ども・保護者と対比しながら、住環境に加えて、食事、衣服、睡眠、運動、心理、人間関係などへの配慮を親、特に母親に説き(23)、岸英雄（成城小学校教師）が、推薦図書と学習参考書を提示しながら、子どもの読書環境を整備することを親に勧め(24)、柴田勝（成城小学校教師）が、子どもの自学自習を促すために、「親自身が自学自習的な人であることを要する。そうした雰囲気を作つてやること、即ち家庭全体がそうした雰囲気にみなぎつてゐることが大事である(25)」と主張していた。したがって、住居のよう

表2　朝日住宅建築費など（展覧会出品案内、展覧会会場案内図から）

	建築費（円）	給排水用水及便所工事費（円）	電気費（円）	合計（円）	敷地（坪）
1号	5,195.95	467.5	448	6,111.45	165
2号	7,023.83	447	442	7,912.83	212
3号	6,178.83	630	449	7,257.83	424
4号	3,500	295	200	3,995.00	116
5号	4,681.51	440	250	5,371.51	188
6号	3,787.20	475	275	4,537.20	173
7号	4,633.05	436.5	470	5,539.55	180(?)
8号	5,028.10	490	416	5,934.10	212
9号	6,671.08	773	483	7,927.08	189
10号	6,337.48	463	418	7,218.48	148(?)
11号	6,539.13	450	503	7,492.13	504
12号	3,353.42	475	232	4,060.42	161
13号	3,671.21	470	260	4,401.21	165
14号	3,357.50	435	272	4,064.50	228
15号	3,739.33	415	246	4,400.33	167
16号	4,023.38	465	286	4,774.38	200

（出典：同書68ページ）

な物理的環境だけでなく、子どもの健康や心理、学習、さらには親自身の振る舞いへの配慮も含んだ環境の整備を、教師や教育家は教育する家族に求めていたのだった。

親たちはこれらの求めに応え、子どもが学び育つ環境に配慮するように努力することを通じて、「私共親自身が教育され、人間らしくなりつゝある様に感じられる[26]」と述べたり、「私は『家の主』としてより『子の父』として脳《ママ》みを感じ（略）唯々子に対する父の本能的愛と家庭的欠陥を補はうとする同情とを不純にすることなく、教育と云う文化動機を考察し、文化活動を継続したいだけなのであります[27]」と語ったりする言葉に見られるように、自身を第一に子どもの親と位置づけ、子どもの教育に対する責任を果たすことを重んじた。

新中間層の生活——敗戦後の核家族との差異

朝日住宅展覧会で展示された住宅の建築費、給排水用水および便所工事費、電気費は、表2のとおりである。「建物は「実費譲渡」と規定され、（略）地代は「（借地期間二十ヶ年）一ヶ月坪五銭、五ヶ年を更改期とし最初の五ヶ年間に限り一坪に付一ヶ月壱銭を割引」された」[28]という。

前田一『サラリマン物語』は、腰弁、洋服細民、サラリーマン、サラリマンなどと呼ばれた俸給生活者の当時の平均俸給予想を、大企業対象のものだが表3のように提示している。[29]

表3　平均俸給額予想（単位：円）

	三井物産	三菱合資	安田保善	久原鉱業	日本銀行	朝鮮銀行	住友銀行	日本石油	古賀鉱業
5年勤続者									
帝大	110-150	110-150	100-150	135	133	135	135	120-140	113
私大	100	100	90-130	105	100	110	105	100	110
専門	80	100	80-110	75	80	80	105	80	100
10年勤続者									
帝大	200-300	200-300	150-300	200	180	200	250	180-300	200
私大	130-200	150	130-200	160	152	160	200	130-200	170
専門	100-150	120	100-150	113	125	120	200	100-150	150

（出典：前田一『サラリマン物語』東洋経済出版部、1928年、118—119ページ）

このほかにもボーナスを含む手当が支給されることを考えると、俸給生活者にとって朝日住宅は決して手が届かない物件ではなかったのであり、朝日住宅展覧会の会場になった成城は、前述した庭付きの自宅を入手するという新中間層の欲望を満たすことができる郊外住宅地の一つだった。[30]

ところで、朝日住宅を見ると、第四・五・十二・十三号以外の住宅には「女中室」が存在している。

戦間期の新中間層の増大は、再生産の場である居住地に「主婦」を創出し、生産の場である職場に勤務する夫との間に性別役割分業を確立させ、敗戦後へと接続して「近代家族」のモデルになったと論じられる。しかし、牛島千尋「戦間期の東京における新中間層と「女中」」[31]は、戦間期の新中間層の家族と戦後の都市家族の間には形態的に異なる面が存在することを、「女中」の存在が示していると論じている。

牛島によれば、一九二〇年から三〇年の間に、新中間層の実数と有業者に占める比率が東京市では横ばいないし低下する一方で、府下ではともに増加し、特に金融保険業や公務自由業（公務、法務、教育、その他の自由業）での増加が著しく、公務自由業についていえば、東京市西部と府下西・西南部町村で増加が顕著だったという。

一九二六年度―三七年度版の『父兄名簿』（成城学園発行）に掲載された延べ一万千六百四十八人の特性を分析した門脇厚司と北村久美子によると、この時期の成城小学校在籍児童の保護者の七〇パーセント以上を新中間層が占め、また三〇年には砧村、千歳村、世田谷町が保護者の居住地の四〇パーセント強に達し、さらにこれら三つの地域の保護者でも七〇パーセント程度が新中間層だったという。[32] したがって、成城学園、少なくとも成城小学校を支持する教育する家族のかなりの割合は、当時の府下で増加していた新中間層だった。

新中間層と女中のつながりを、牛島の分析に基づいて示せば、次のようになる。一九三〇年の日本全体の女中数は通いの女中が二・八万人、住み込みの女中が六十六・九万人であり、通いの女中が一・一万人、住み込みの女中が五十七・三万人だった二〇年と比較すると合計で十一・三万人増加し、特に二〇年代後半からの増加が顕著だった。

この時期の東京に焦点を合わせると、砧村を含む東京市西部と府下西・西南部の町村で女中の比率が高くなり（砧村では一九三〇年に十四歳以上の女性人口の一〇パーセント以上を女中が占めるまでになった）、同時に女中を除いた有業者が十四歳以上の女性人口に対して占める比率が減少した。このことは、砧村を含む東京市西部と府下西・西南部町村では女中、そして女中を使用する無業の「主婦」が増加したことを意味するという。

大正期から昭和初期にかけて、女中不足が問題化するが、すでに見たように女中自体は増加していたのだから、女中の増加を上回って女中を雇用する新中間層が増大したのであり、その結果として女中不足問題が惹起されたのである。なお、牛島は「東京市では家事使用人を複数雇い入れる世帯が多く、府下では世帯に一人の女中を雇い入れる世帯が多いこと」[33]を統計に基づいて明らかにしている。

女中不足問題が生じていたゆえに、女中を雇うことができなかった家庭も存在したが、雇うことができた家庭についていえば、「新中間層の多くは一人しか雇うことができなかったため、妻は実質的な家事労働を担っていた。こうした新中間層では、主婦と女中という「二重構造」的関係を世帯内に存続させた[34]」のであった。

以上の牛島の分析、特に二重構造の指摘を踏まえると、大正期から昭和初期にかけての東京の新中間層に見られる教育する家族で、子どもの教育を担っていたのは誰だったのだろうかという疑問が生じる。例えば、すでに引用した朝日住宅第十四号の居住者田中孝一郎の文章にある「砧の家にはおばあさんと陽子（七歳）と八起（四歳）と女中とがもつぱら住つてゐる。（略）砧の家へは夫婦で代り代りに二日おきか三日おきくらゐに骨休めに泊りに行くのである[35]」という記述を読むと、田中家で子どもの教育を担っていたのは、はたして両親だったのだろうか、それともおばあさんと女中だったのだろうか、と問わないわけにはいかない。

現代日本では、多くの家族が教育する家族を志向している。本章で概観してきたように、教育する家族は大正期の都市新中間層で成立し、都市新中間層は借家ではない庭付きの自宅をもつことを夢見ていた。その夢を実現する郊外住宅地の一つが、新興の学園都市成城であり、成城で開催された朝日住宅展覧会は新中間層の夢を具現化して展覧するものだった。そして、その展覧会で展示された住宅の多くには、女中室が存在していることが示しているように、郊外住宅地で暮らす新中間層にとって、住み込み女中を雇うことは当然のことだと考えられていた。

しかし、高度経済成長期以降、住み込み女中は消えていくことになる。この点に関して、清水美知子は次のように論じている。「住み込み女中がいる生活では、主婦は常に女中の目を意識し、手本になるように言動にも気を配らなければならない」、そして「かつて中流家庭の主婦は、家計の予算を立て管理し、女中の仕事ぶりを指揮・監督して家内を取り仕切るホームメーカー（家庭管理者）としてなくてはならない存在であった」[36]。したがって、高度経済成長期以降に住み込み女中が姿を消していくことで、主婦はこれらの配慮や役割から解放された。

また、「住み込み女中が消えたことは、それぞれの家庭から「他人」がいなくなることでもあった」[37]のであり、教育する家族が血縁で結ばれた親密な核家族だけから構成されることを意味した。逆にいえば、大正期から昭和初期にかけての新中間層に見られる教育する家族は、家庭に他人を抱え込んでいたのであった。

そのため、教育する家族の子どもの教育に関する機能は仮に同等であるとしても、誰がその機能を担っていたのかに関して、昭和初期に成城に集住した新中間層と、現代の核家族には異同が存在するのかもしれない。つまり、前者と後者では、女中が存在するかどうかによって、親の役割が異なっているかもしれないのである。

おわりに

成城を会場にした朝日住宅展覧会は、新中間層の願望を実現する郊外生活を射程に収めて開催され、その郊外生活の構成要素の一つに子どもの教育が存在していた。そして、これまで記述してきたように、郊外住宅地から成城小学校に子どもを通わせる親は、自身を第一に子どもの親と位置づけ、住環境まで含めて家庭を合理的に編成し、子どもの教育に尽力しようとする、教育する家族を形成する親だった。女中を雇うことも、その配慮の一つだったのかもしれない。

現代の教育する家族は、子どもの教育の責任を親が負い、子どもの教育を親自ら担う（教育産業を利用することも多いかもしれない）が、大正期から昭和初期にかけての都市新中間層における教育する家族の場合は、子どもの教育に責任を負うのは親だが、子どもの教育をおもに誰が担っていたのかという点が、住宅の平面図や親の文章からは判然としないということを、本章では指摘した。

この判然としない事象を、資料調査や聞き取り調査などから解明していくことが、本章で扱うことができなかった残された課題である。それらの調査を通じて、大正期から昭和初期にかけての新中間層と高度経済成長期以降の核家族の差異を検討するとともに、成城小学校という大正新教育の拠点の一つが位置する郊外の学園都市成城で、新中間層が実際にはどのように子どもを教育していたのかに迫っていくことにしたい。

注

（1）『日本帝国文部省年報』（文部省）によれば、一九〇二年度に学齢児童の就学率が九〇パーセントを超え、それ以降九〇パーセントを超え続けた。

（2）一九〇三年から〇四年に逐次刊行された第一期国定国語読本『尋常小学読本』（文部省、全八巻、博文館）は、それ以前に刊行された国語読本とは異なり、子どもの生活自体を価値あるものとして記述していることを、拙著『教育メディア空間の言説実践——明治後期から昭和初期までの教育問題の構成』(世織書房、二〇一八年)第一・二章で論じた。
(3)エベネザー・ハワード『新訳 明日の田園都市』山形浩生訳、鹿島出版会、二〇一六年
(4)ここにある文言は、小林一三「逸翁自叙伝」(『小林一三全集』第一巻、ダイヤモンド社、一九六一年、一―二二三ページ)所収の「如何なる土地を選ぶべきか」(一六二―一六三ページ)と「如何なる家屋に住むべきか」(一六三―一六四ページ)に記されている文言である。
(5)この時期の住宅政策や博覧会・展覧会については、内田青蔵『日本の近代住宅』(鹿島出版会、一九九二年)第三章が詳細に論じている。
(6)内務省も、外郭団体財団法人同潤会(一九二四年三月設立)の活動(アパートメントや分譲住宅といった復興住宅建設と福祉事業)につながる住宅政策に関東大震災以前から取り組み、労働者層や貧困層の「簡易生活」や「安価生活」を営む場として郊外に注目していた。その概略については、前掲『教育メディア空間の言説実践』第七章で言及した。
(7)ここに記載した郊外住宅地の詳細に関しては、山口広編『郊外住宅地の系譜——東京の田園ユートピア』(鹿島出版会、一九八七年)を参照されたい。
(8)山室信一「サラリーマン・職業婦人・専業主婦の登場」、鷲田清一編著、佐々木幹郎/山室信一/渡辺裕著『大正=歴史の踊り場とは何か——現代の起点を探る』(講談社選書メチエ)所収、講談社、二〇一八年、一五五ページ
(9)同論文
(10)高橋磌一『流行歌でつづる日本現代史』(「高橋磌一著作集」第十巻)、あゆみ出版、一九八五年、八三ページ

（11）結城亮一『あゝ東京行進曲』河出書房新社、一九七六年、八一―八九ページ

（12）住宅地としての成城については、酒井健一「成城・玉川学園住宅地」（前掲『郊外住宅地の系譜』所収、二三七―二六〇ページ）を参照されたい。

（13）成城学園五十周年史編集委員会編『成城学園五十年』中央公論事業出版、一九六七年

（14）成城学園六十周年史編集委員会編『成城学園六十年』成城学園、一九七七年

（15）一九一八年に新たに公布された高等学校令は、尋常科三年、高等科四年の七年制を原則にした。しかし、高等科だけを置く高等学校も認められたため、官立高等学校のほとんどは三年制の高等学校になり、七年制高等学校は官立東京高等学校、台湾総督府台北高等学校（官立）、富山県立富山高等学校、大阪府立浪速高等学校、府立高等学校（東京府）、武蔵高等学校（私立）、甲南高等学校（私立）、成蹊高等学校（私立）、成城高等学校（私立）だけだった。

（16）小田原線が運行を開始するまで、児童生徒の大半は京王電気軌道烏山駅（一九二九年に千歳烏山駅と改称）から通学していた（三キロメートル強の道程）。

（17）「住宅地の選択――朝日住宅は何故に成城学園前を選んだか」、朝日新聞社編『朝日住宅写真集』所収、朝日新聞社、一九三〇年、一三ページ

（18）桜井忠温「気軽な家」『朝日住宅の住心地』五ページ（同書所収）

（19）木村煥「林檎のやうな子供の顔」、同書所収、六―九ページ

（20）前掲『朝日住宅写真集』序文

（21）田中孝一郎「和洋折衷の成功」、前掲『朝日住宅の住心地』所収、一〇―一三ページ

（22）教育する家族については、沢山美果子「教育家族の成立」（第一巻編集委員会編『〈教育〉――誕生と終焉』〔「叢書〈産む・育てる・教える　匿名の教育史〉」第一巻〕所収、藤原書店、一九九〇年、

一〇八―一三一ページ）、広田照幸『日本人のしつけは衰退したか――「教育する家族」のゆくえ』（〔講談社現代新書〕、講談社、一九九九年）を参照されたい。
(23) 賀川豊彦「子供を叱る工夫」、成城学園編「教育問題研究・全人」第三十八号、イデア書院、一九二九年、一―二二ページ
(24) 岸英雄「家庭に於ける児童読書生活の指導」、成城学園編「教育問題研究・全人」第三十四号、イデア書院、一九二九年、一三―三二ページ
(25) 柴田勝「家庭教育の諸問題」、成城学園編「教育問題研究・全人」第五十一号、第一出版協会、一九三〇年、九三ページ
(26) 小林弥太郎「家庭教育に就て（入学以前及以後）」、成城学園編「教育問題研究・全人」第三十三号、イデア書院、一九二九年、七七ページ
(27) 本尾小太郎「吾子を見つめて」、同誌八六ページ
(28) 世田谷美術館、世田谷住宅史研究会編『田園と住まい展――世田谷に見る郊外住宅の歩み』世田谷美術館、一九八九年、六七ページ
(29) 金融恐慌、世界大恐慌と連動した昭和恐慌によって、また高等教育進学者の増加によって、大学専門学校卒業者の半数以上が就職できない状況が生まれていたのであり（この状況を背景にした映画が、『大学は出たけれど』〔監督：小津安二郎、一九二九年〕）、朝日住宅展覧会が開催された時期には、俸給生活者になることが難しい状況にあったことを見逃してはならない。前田一『サラリマン物語』東洋経済出版部、一九二八年
(30) 大企業以外の俸給生活者の例として中等教育の教員に目を向けると、前田一によれば、一九二六年のデータになるが、平均月給は師範学校教員が百二一円、女子師範学校教員が百十二円、中学校教

員が百二十円、高等女学校教員が百五円だった（同書一〇六ページ）。したがって、大企業の俸給生活者ではないが、新中間層に含まれる中等教育の教員にとっても、朝日住宅地は庭付きの自宅を入手できる郊外住宅地だった（なお、給与が中等教員の半額程度だった小学校教員にとっては、共働きでなければ入手が困難だったかもしれない）。

（31）牛島千尋「戦間期の東京における新中間層と「女中」――もう一つの郊外化」、日本社会学会編「社会学評論」第五十二巻第二号、日本社会学会、二〇〇一年、八八―一〇四ページ

（32）門脇厚司／北村久美子「大正期新学校支持層の社会的特性――成城学園入学者父兄の特性分析をもとに」「筑波大学教育学系論集」第十四巻第二号、筑波大学教育学系、一九九〇年、七三―一〇五ページ

（33）前掲「戦間期の東京における新中間層と「女中」」九七ページ

（34）同論文一〇〇ページ

（35）前掲「和洋折衷の成功」一一二ページ

（36）清水美知子『〈女中〉イメージの家庭文化史』世界思想社、二〇〇四年、二一八―二一九ページ

（37）同書二一九ページ

［付記］本章は、拙著『教育メディア空間の言説実践――明治後期から昭和初期までの教育問題の構成』（世織書房、二〇一八年）第七章、成城大学モダニズム研究会での発表（二〇一八年七月十九日、成城大学）、成城大学文芸学部公開シンポジウム「成城を住まう」での発表（二〇一八年十二月八日、成城大学）に基づくものである。

第5章　なぜモダニズム建築にして都市計画なのか

北山研二

はじめに――成城学園とモダニズム建築

成城のモダニズム建築といえば、まずは連続窓が特徴の成城大学一号館（一九五八年）・二号館（一九六三年）・初等学校（一九六四年：現在は建て替えられて存在しない）、そして吹き抜けが特徴の図書館（一九六八年）[1]が注目される。それらは、成城学園の卒業生にして『最小限住居』などで戦後の日本的モダニズム建築として名を馳せた増沢洵が設計したものである。そして、丹下健三自身の設計の丹下健三邸（一九五三年：現在は建て替えられて存在しない）や、いまでも健在であるひかり文化幼稚園（一九六七年）が注目される（これらについては、建築ジャーナリストの磯達雄の第2章

「建築家が帰る場所――丹下健三と成城のまち」を参照)。実際のところ、増沢洵設計の成城学園の校舎は、太陽光をたっぷり室内に入れ、軽快なリズムを作る連続窓を広く作って、内部は薄い壁面で仕切り、外の自然を感じさせるモダニズム建築である。筆者は成城大学の教員として、一号館(入り口ホールの吹き抜けは軽快だし、連続窓から見える中庭の樹木が爽快だ)(写真1)、二号館(連続窓か

写真1　成城大学1号館(筆者撮影、2018年12月4日)

写真2　成城大学2号館(筆者撮影、2019年9月28日)

ら見える仙川の風景が心なごむ)(写真2)で、それぞれ内装が大きく変わるなか二十二年間講義してきたが、中庭を見ながらまるで野外授業の気分を満喫し、図書館では、なかに入るとすぐ吹き抜け(写真3)の光を感じて、不思議な開放感を味わってきた。しかし、そうしたモダニズム建築は、日本全体にわたっていま危機に瀕している。築五十年を超えると、物理的劣化(建築当初の諸性能の劣化や耐震構造未対応など)、機能的劣化(設備システムや内装外装の凡庸化など)、そして社会的劣化(都市計画や都市環境の劇的変化に未対応など)が著しく目立つからである。さらには今日ポスト・モダン建築、さらにはポスト・ポスト・モダン建築が勢いを増すなか、日本のどの大都市にあっても建築受容面積が著しく減少するため、モダニズム以後の都市計画の側面からも、耐用年数が過ぎたモダニズム建築をはたして残すべきなのかとあちこちから問われている。

写真3　成城大学図書館(筆者撮影、2018年12月4日)

ル・コルビュジエに代表されるモダニズム建築は多くの場合、どのようにして狭い敷地に効率良好の機能主義的建築を設置すべきかという、モダニズム都市計画と密接な関係にあるため、モダニズム建築を残すべきなのかという問いは、モダニズム都市計画を踏襲すべきかの問いに等しい。では、成城学園と成城の街作りは、はたしてそのような関係にあるのか、その問いに答えるためにはあらためて、モダニズム建築とは何か、モダニズム都市計画とは何かを問わなければならない。

1 日本の本格的なモダニズム建築とは何か

さて、日本の本格的なモダニズム建築とは何か。二〇一六年に世界遺産になったル・コルビュジエ設計の国立西洋美術館（一九五五／五九年）（写真4）がその代表例である。[2] 前庭を歩きだすと、すぐに優雅な気持ちになる。なぜか。石畳が寸法の違う長方形でできていて、不思議なリズム感に誘われるではないか。ル・コルビュジエによれば、独自の寸法システムのモデュロール[3]でできているのだ。軽快な気分で本館に向かえる。その外見はブラックボックス風だが、開放感があるピロティをくぐるとき、木目模様のピロティの柱に触りたくなる。そして触ってみると、単なるコンクリートではなく、木目が浮き出た太めの柱で、姫小松の木型枠にコンクリートを流し込んだものだと気がつく。すばらしい。ピロティを抜けて一階の十九世紀ホールに入ると、同じく木目が浮き出た太めの独立柱が目に付く。その独立柱に沿って見上げると、館内は吹き抜けの上から明るい光が差し込んでいて、採光のための高窓の三角窓、吹き抜けを支える象徴的な柱と梁に気がつく。このホールには、現在オーギュスト・ロダンなどの彫刻が置かれている（ル・コルビュジエの計画では、パリのスイス学生会館入り口ホールのように壁画を設置するはずだったが実現できなかった）。そして、互い違いのスロープを上りながら、館内の空間の多様な変容を満喫しつつスロープを上がりきると、広くゆったりした常設展示会場内に入れる（ル・コルビュジエによれば、この散策的巡回は「建築的プロムナード」なのである）。

展示会場は間仕切りがない回遊式で、自然光が四方から差し込んでいて絵画が輝き、ゆったりと鑑賞できるようになっている。天井がモデュロールで決められた二百二十六センチとその二倍のところがあり、安定感がある空間も楽しめる。絵画を見ながら回遊していると、ガラス壁の外側に幾何学的に配置された律動ルーパーに気がつく。その長さはモデュロールに従っているのだが、桟のようにも見える板状のコンクリート製のルーパーが不思議にリズミカルで、採光を微妙に変化させていて、その隠喩的光につい見入ってしまう（建設当初は外壁をぐるりと取り囲んでいたが、修復後は残念ながら一部しか残されなかったという）。さて、この常設展示階の上には、さらに収納式絵画ラックや展示スペースなどがあるが、現在は入れない。そして、そのさらに上は屋上で、屋上庭園になっている（写真でしか確認できないが）。ほかの屋上庭園とは違っ

写真4　国立西洋美術館（筆者撮影、2018年4月30日）

て、ここには植栽がない。採光のために卍型に配置された小さな連続窓[4]がいい。ところで、この国立西洋美術館は、ル・コルビュジエの弟子たち、前川國男、坂倉準三、吉阪隆正たちが、細部未決定のル・コルビュジエの設計図（無限成長美術館構想や企画巡回展示館と劇場などを含む）を、ル・コルビュジエと相談しながら場所柄や予算に応じて入念な修正や再設計を繰り返して、完成したものなのだ。先ほどの木目模様の独立柱は、耐震性や自然らしさをを考慮した前川の着想である。

2　なぜル・コルビュジエはモダニズム建築の創始者といわれるのか

さて、ル・コルビュジエの建築とはそもそもどういうものなのか。なぜモダニズム建築の創始者といわれるのか。ル・コルビュジエがル・コルビュジエになるのは、一九一四年のドミノ・システムの発案からである。ドミノ（dom-ino）とは、ラテン語の家＝domus と革新＝innovatio から作った造語である。第一次世界大戦で大量に破壊された住居に代わって、安価な住居を大量に供給するというシステムなのである。そのため、ル・コルビュジエは時代の要請を敏感に感じ取った建築家といえる。具体的には、鉄筋コンクリート製の水平スラブ（床板三枚）と、それを床の外側から支える最小限の柱（六本）、そして階段を構成要素とした住宅の建設方法である。ドミノ・システム以前のギリシャ・ローマ建築やルネサンス建築などの様式建築では、石積み壁が住宅の重量を支えていたが、このドミノ・システムでは柱が重量を支えられるので、壁は軽量化し、自由な間取りができるため、合理的・機能的なモダニズム建築の典型になる。大戦が破壊した建築物のがれきをそれぞれ砕いて壁に収納さえできるもので、エコロジー的で画期的なシステムなのである。

　具体的なドミノ・システムによる安価で大量生産できる新住宅の第一例が、シトロアン住宅（一九二〇年）である。シトロアン（CITROHAN）は、自動車の大衆車シトロエン（Citroën）の機能主義をヒントにしたといわれている。その二年後、石やれんがではなく、鉄筋コンクリートの柱と梁で全体を支えて、軽く薄い壁の構造へと移行する。もはや戦後ではないからだ。そして、ドミノから白い箱へ移動する。それが改訂シトロアン住宅だ。これは、一階半分を吹き抜けにして、居間を空中に開放する。空中に伸び上がる新住居である。一般大衆が快適な住居を求める時代になってきていたのだから、権力や金力による古典的な芸術建築とは別に、機能的で合理的な住宅が必要になったのである。彼は晩年にこの「生きた建築」が自分の建築だという。

写真5　オザンファン邸（筆者撮影、2019年9月1日）

　さて、ドミノ・システムと改訂シトロアン住宅（空中住宅）が合わさって、初めてル・コルビュジエがル・コルビュジエになった。その具体例第一号が、ベニュス邸（一九二二年）である。新古典主義的傾向があるものの、一階半分を吹き抜けにして、居間を空中に開放した、空中に伸び上がる新住居である。画家でもあった

写真6　ラ・ロッシュ＝ジャンヌレ邸（筆者撮影、2019年9月2日）

ル・コルビュジエのピュリスムの仲間のオザンファン邸（一九二二年）（写真5）のほうは、シトロアン住宅系で、アトリエの角までが総ガラス張りで採光は申し分ない。明るく快適な生活にしてアトリエが約束される。

初めての大規模な「白い箱型」がラ・ロッシュ＝ジャンヌレ邸（一九二三／二五年）（写真6）である。[5] 依頼主は、名前が示すとおり、ピュリスム運動の芸術総合誌「レスプリ・ヌーヴォー」（エディション・ドゥ・レスプリ・ヌーヴォー社、一九二〇―二五年）の支援者・銀行家のラウル・ラ・ロッシュとル・コルビュジエの実兄のヴァイオリン奏者アルベール・ジャンヌレで、二世帯住宅である。ル・コルビュジエは晩年にこの住宅は自分にとって重要だったという。

さて、門から入ると、正面に見える住宅は細い柱で持ち上げた高床式になっていて（これがやがてピロティになる）、浮いた曲面壁が優しい重量感を醸し出す。さらに進むと右手の水平連続窓が目に入る。なかに入ると、入り口ホールの吹き抜けが爽快であり、内の空間と外の空間が相互交流していて、透明な立体構築物のなかにいる気分に襲われる。これがモダニズム建築の典型なのである。

成城大学一号館・二号館などもそうである。ピロティの壁は薄いピンク、暗い壁は深い黄緑、目立たせたくないところは灰色にしてある。これら中間色は、画家としてのル・コルビュジエのピュリスム的色彩美学によるものだ。二世帯の寝室、浴室、キッチンなどと居住空間とは切り離されていて、こちらもピュリスム的色彩美学で彩色されている。ホール脇の階段を上り、右奥のギャラリーに入ると、家主のラ・ロッシュのアート・コレクションが飾られている。その奥、左のスロープを上ると、左手に同じアート・コレクションを見ることができる。上るにつれてそれが変化するため興味が尽きない。まさに「建築的プロムナード」なのだ。そして、屋上には屋上庭園があり、十分に植栽されている。ル・コルビュジエは、ただ植栽すればいいとは考えておらず、その種類にも配慮した。「いろいろな木が植えられた。このてがしわ、糸杉、まゆみ、月桂樹、いぼたの木、タマリンド等々[6]」と言うほどである。

ル・コルビュジエは、これまでの現代建築探究の成果として、一九二六年に現代建築の「新しい建築の五つの要点[7]」を提唱した。「新しい建築の五つの要点」とは、①ピロティ（支柱使用による高床）の設置、②屋上庭園（植栽や日光浴による自然享受）、③自由な平面（ドミノ・システムによる軽い壁で間取りの自由な設計）、④水平連続窓（室内にいて室外にいる感覚をもって、建築的プロムナードを保証する）、⑤自由なファサード（ドミノ・システムによる正面の壁のデザインが自由）というものである。これは、既存建築体系からの離脱宣言、モダニズム宣言になる。これを遵守すれば、ル・コルビュジエ的モダニズム建築になる。その最初の実例がクック邸（一九二六／二八年）である。外部は、連続窓が目立つ正面と立面ともに七・六二メートル（二十五フィート）の正方形でまとめられている。一階は、数本の柱でピロティをなし、開放的だ。これが二階を支える。室内の採光具合とゆったり感はすばらしい。屋上庭園は広々としていてブローニュの森が一望できる。これが初めて五つの要点に従った邸宅になった。さらに変化させたのが、スタイン邸（一九二七／二八年）である。スタイン邸は、角を直角に曲がる連続窓に驚かされるが、各階が異なる平面構成で、曲線の間仕切りが自由自在に動き、単純さと複雑さの相克がおもしろい。そして四面のファサードがすべて異なり、躍動感の意外性に驚く。

ル・コルビュジエが「住むための機械[8]」と名づけたサヴォワ邸（一九二八／三一年）（写真7）は、五つの要点に従うだけではなく、新たな展望を開く。細い柱に乗った幾何学的な白い箱が宙に浮くからだ。そして、ピロティや水平連続窓が四側面から見えて、すばらしく軽快である。なかに入ると、一階では、吹き抜けが開放感を満たしている。「建築的プロムナード」あるいは彫刻的らせん階段を通りながら、室内空間の変容に感心しつつ二

写真7　サヴォワ邸（筆者撮影、2013年8月28日）

階のリビングルームに出ると、間仕切りがない広間に入り、周囲が丸見えで空中にいる感覚に襲われる（写真8）。室内が室外になるではないか。さらに、リビングルーム横の空中庭園に出ると、大きな庇というべき屋根付きの空間になる。ル・コルビュジエがいうとおり、屋外だけど、室内にいるような場所なのだ。さらに屋上に伸びるスロープを上りきると、壁面正面の開口部に出合う。

写真8　サヴォワ邸リビングルーム（筆者撮影、2013年8月28日）

北西の景観を切り取るピクチャー・ウィンドーになっているではないか。かつては遠方にセーヌ川が見えたという。その屋上庭園は、植栽の緑に癒されながら、周辺の樹木の自然と対話できるだけではなく、四方の景観を時間を忘れて堪能できるのだ。しかも、プライバシーが守られていて、外からは見えない仕組みになっている。ところで、屋上庭園の起源は古く、『東方旅行』（一九一一年）までさかのぼれる。『東方旅行』では、前庭や中庭に着目してその後空中庭園と屋上庭園を着想し、周辺環境への眺望を視野に入れている。その後空中庭園がゆったりめの回廊になり、前庭や中庭は屋上庭園と融合され、景観が意識されるようになって[9]、サヴォワ邸の屋上庭園が完成したのだろう。サヴォワ邸は、過渡期の空中庭園と最終段階の屋上庭園を備えた珍しい建築なのである。屋上庭園の植栽は、安藤忠雄によれば、[10]鉄筋コンクリートは温度差による膨張・収縮が激しくひび割れしやすいので、夏の暑さや冬の寒さを緩和して、雨のコンクリートへの吸収を低減するという。[11]やがて、アンドレ・マルローは文化大臣として、一九六四年に荒れ放題のサヴォワ邸を民間建築モニュメントに指定し歴史遺産にした。その強い主張がなければ、サヴォワ邸は存続できなかっただろう。以後、その機能性と爽快感あふれる調和のために、モダニズム建築の典型になる。

3　ル・コルビュジエの日本の弟子たちは何をしたのか

さて、ル・コルビュジエの粗い設計図をもとに国立西洋美術館を完成したその弟子たち[12]は、その後どのような建築を設計したのか。

前川國男は、東京帝国大学の卒業式の日、夜行列車で神戸に向かい、神戸から船で大連へ渡り、シベリア鉄道でパリに着いた。一九二八年から三〇年までル・コルビュジエのアトリエで活動し、帰国後その日本的ル・コルビュジエ建築を設計した。前川國男宅（一九三九年）は、外見は日本家屋だが、室内は吹き抜けとロフト風の中二階があり、壁や柱で仕切らない、明るく開放的な折衷建築である。世田谷区役所第一庁舎・第二庁舎・世田谷区民会館（一九五九年）は、外部的には頑丈で内部的には繊細なモダニズム建築だが、第一庁舎の格子状の梁は高くきわめて薄く、第二庁舎は柱と梁がほぼ同一平面からなり、区民会館の外壁折版構造は大胆で軽快だ。[13] 京都会館（一九六〇年）は、ピロティと連続窓が軽快だが、京都の伝統的雰囲気とモダニズムを見事に組み合わせた市民の包括的な文化活動施設である。[14] 東京文化会館（一九六一年）は、めくれ庇と台形の土台が特徴のゆったりした現代的音楽施設だが、ル・コルビュジエの国立西洋美術館の周辺施設の一つとして着想されたのかもしれない。紀伊國屋書店新宿本店（一九六二年）は、めくれ庇が繰り返され一階に小さな広場と通り抜け通路がある開放的な建築を設計し、ル・コルビュジエの建築原理を日本的環境に合わせている。埼玉県立博物館（現・埼玉県立歴史と民俗の博物館）（一九七一年）は、まず二色のタイルを幾何学的に張った広場的なアプローチ（前川が一貫して追求するテーマは、世田谷区役所第一庁舎・第二庁舎・世田谷区民会館の中庭と同じく、「広場」なのである）、そして日本の高温多湿に適した打ち込みタイルで覆った壁面に驚かされる。展示室は柱がなく、広々とした空間を保証し、天井は打ちっ放しコンクリートの薄い梁が並び、開放感と緊張感が微妙に均衡する。[15] 前川はル・コルビュジエの弟子だが、いずれも前川建築と呼ぶべきだろう。

坂倉準三は、海外雑誌でル・コルビュジエを知り、一九三一年から三六年までル・コルビュジエの事務所に入って、都市計画の図面を多数描く一方で、三七年には細い菱格子の多用による日本的風情と建築プロムナードからなるパリ万国博覧会の日本館でグランプリを獲得し、帰国後大きな仕事をした。坂倉は、師の著書を翻訳・紹介しながら、神奈川県立近代美術館（一九五一年）を池に面して縁側風な部分を加えた軽妙な庭園美術館として、東京日仏学院（一九五一年）を外堀を望む丘の中腹に突然現れた外国客船のような建築として、神奈川県庁（一九六六年）を開口部を壁面から後退させて陰影を生み出しより軽快さを感じさせる公共建築物として、渋谷計画（一九五二―七〇年）や「渋谷再開発計画'66」（一九六六年）を複数鉄道駅・ショッピングセンター・文化施設を空中連絡路で接合するモダン都市計画として、そして新宿計画（西口駅前広場）（一九六六年）を地下二階に駐車場、地下一階にコンコース、地上に道路を作り隣接ビルを接合する広場として、立案あるいは建造した。坂倉は、ル・コルビュジエの「輝く都市」[16]（一九三〇年）構想を受け入れて、都市を合理的に高層ビルと広場で再構成し健康的な生活空間として地区に調和させるべく設計した。

吉阪隆正は、やや遅れて一九五〇年から五二年までル・コルビュジエの事務所に入り、帰国後、アテネ・フランセ（一九六一年）を打ちっ放しのコンクリートを紫と濃いピンクで覆い、アルファベットを壁面模様にして異文化性を強調するものとして、さらに大学セミナー・ハウス本館（一九六五年）を逆ピラミッドの空中せりだし施設（一階：ホール・受付事務室、二階：館長室、三階：二百人用食堂のため）として建造したが、以後十五年にわたって個人の持ち物から、生活空間、建物、市街、風景、国土までの諸形態の必然性を考え抜いた有形学を構想しながら、セミナー室や宿泊ユニットを緑豊かな多摩丘陵に分散させて、集落的風景を形成した。

ル・コルビュジエの孫弟子といわれる丹下健三は、広島平和記念資料館（一九五五年）をピロティに乗った開放的な空間を感じさせる日よけルーバーが繊細さを醸し出しながら圧倒的な存在感を押し出す記念碑として、香川県庁舎（一九五八年）を（若い安藤忠雄が感動した）九重塔を思わせる無数の庇や腕木庇が繊細さを醸し出すものとして作った。また、山梨文化会館（一九六六年）を階段・エレベーター・トイレを内包する無数の円筒が幹になり、分室も増やせるようにしておき（おそらくル・コルビュジエが国立西洋美術館を構想したときの無限成長美術館構想から着想しているだろう）、新聞社・放送局・印刷会社・ショッピングコーナーなどを含む未来型建築として、国立屋内総合競技場（一九六四年）を二本の大柱の間をワイヤーで結び屋根をつるしたモニュメントとして（おそらくソヴィエト・パレス計画〔一九六七年〕から想を得ているだろう）、その他多くの傑作を作り、注目された。[17] 弟子たちの建築コンセプトは、基本的にはル・コルビュジエのドミノ・システムと「新しい建築の五つの要点」からなるといっていい。

このように考察してみると、成城大学一号館・二号館・図書館はおおむねそれに従っていることがわかるだろう。なかでも、五つの要点の②屋上庭園は植栽や日光浴による自然享受のために、都市内ではとりわけ重要である。一号館の南屋上では屋上庭園（菜園？）が続けられていて、五つの要点を大なり小なり実現しているといえるだろう。

４　ル・コルビュジエ的でありながら、超ル・コルビュジエ的とは

ところで、モダニズム建築家以後のポスト・モダン的建築家たちは、ル・コルビュジエ建築とどのような関係にあるのだろうか。

磯崎新は、群馬県立近代美術館（一九七四年）を立方体からなる建築構成原理として一・二メートルのグリッドですべてを覆い尽くし、幾何学立方体の内側空間と垂直的・閉鎖的空間を融合して

（ガラス張りの壁面で外光を取り入れて）設計造形した。またつくばセンタービル（一九八三年）を幾何学的デザインと歴史建築を引用して凝った多義的なポスト・モダン建築として作った。磯崎は、モダニズム建築以後の可能性を探究しているようだ。[18]

安藤忠雄は、ル・コルビュジエを研究し尽くして、周囲の雰囲気に逆らって住吉の長屋（一九七六年）を設計した。水平空間重視ではなく、垂直空間としての建築を主張し、閉鎖的な＝開放的な、しかし室内に室外＝中庭（一種の吹き抜けだろう）を設置して外光や風を入れて、室内＝室外の民家を作った。これは、室内＝室外の雰囲気を醸す連続窓や垂直空間を感じさせるピロティ吹き抜けの効果を長屋に応用したものだろう。ル・コルビュジエの日本版だろうか。サントリー・ミュージアム[19]（一九九四年）は垂直方向の空間の力を感じさせる純粋な幾何学を強調しながらも、ガラス張りの壁面で外光を取り入れ、海面が反映する逆円錐形の建築として建造した。ル・コルビュジエの発展的ポスト・モダン建築といえなくもないか。ともあれ、いずれも周囲との新たな関係を作り出した。

伊藤豊雄は、中野本町の家（一九七六年）を閉鎖的な空間を水平方向に開放的に円環させて設計し、せんだいメディアテーク（一九九五年）を無数の柱が網状の筒をなしガラス製の開放的な空間を支えるものとして着想した。ル・コルビュジエの連続窓が作る幾何学的水平空間の開放性から、自由な垂直的あるいは円環的空間の閉鎖性＝開放性へと志向が変わったので、ル・コルビュジエ的にして超ル・コルビュジエ的というべきか。全体としては、むしろポスト・モダン的というべきか。どの建築も、現代の建築はどのようにあるべきか、環境とどう関わるべきかをル・コルビュジエ以後を想定しながら問う。

そもそも、建築は日常活動の空間を作るものである。できた建築は、日々現前するのだから、人々の生き方や考え方に大きく作用する。「建築は人間の心に訴える力があり、人々の日常を変えることができる」[20]とル・コルビュジエはいう。それだけに新しい建築を作るとなると、建築家は、施工依頼者の要求、周囲の状況、予算、時代の流れなどを考えながら建築構想を練らなければならない。しかし、多くの建築や住居が百年たたずに消えてしまう。ル・コルビュジエの建築もそうだ。そのためにその十七建築が世界遺産に指定されて残りはするが、いま一度ル・コルビュジエ系の建築とは何か、そのモダニズムとは何か、いまもなおモダニズム建築が必要なのか、それが消えたら環境が変わるのか、を考えなければならない。

5　建築は孤立せず、環境を取り込み、新しい環境を作り出す

新しい建築は、既存の環境に影響を与えて変化を促し、しばらくすると新しい環境を作り出す。そのため、環境への配慮、とりわけ、新環境作りを前提にする都市計画への配慮がなくしては成り立たない。パリで活動していたル・コルビュジエは、パリの人口過密や交通渋滞に悩んでいた。市内の土地に余裕がなく、まして緑地帯を設ける余地がまったくなく、都市環境が悪化し続けることを批判して、「三百万人の現代都市」（一九二二年、サロン・ドートンヌで）、「ヴォワザン計画」（一九

二五年、国際装飾芸術展で）、「輝く都市」（一九三〇年、第三回現代建築国際会議で）という都市環境改善計画案を彼の活動早期から発表していた。前二者は、パリの中心部に超高層のビル群を設置して、居住・仕事・心身の育成、つまり「すまう、はたらく、いこう」という人間の活動を受容し[21]、その中心部に幹線道路を通すことで渋滞を解消して、新しく現れた広大な土地を緑地公園に変えるというものである（「輝く都市」では、仕事地区を中心から外し、「移動」が加わる）。超高層ビル群は、土地を碁盤目状のブロックに分割し、各ブロックに高さ二百メートルの超高層ビルを十八棟建て、居住環境と仕事環境を近接させて良好な生活環境を狙うものだ。これは、歴史や現状の必然性を無視した機械主義的理想主義だと激しく反対されたが、現在はパリ北西部のラ・デファンスではこの原理を部分的に引き継いでいる。日本でも、密集地区の六本木でこの原理が応用された。森稔・森ビル社長は「輝く都市」に衝撃を受け、「都市開発のコンセプトの原点」を構想し、アークヒルズや六本木ヒルズなどを建造した[22]。実際、ル・コルビュジエは一九三〇年代には、都市計画についての講演を北アフリカや南米でおこない、坂倉とともにアルジェ都市計画、ストックホルム都市計画や輝く都市計画を構想していた。戦後には、イギリスから独立後のインドのチャンディガールの都市計画を引き受けて議事堂、裁判所、市庁舎、大学、商業工業区域などを造営した[23]。広大な敷地に造営される建築群なので、「ヴォワザン計画」「三百万人の現代都市」ではないが、原理を根底に据えて、実際は現地の状況に合わせた設計になった。

後継者たちもまた、密集地区の建築では環境に大いに配慮した。坂倉準三は、すでに述べたように渋谷計画や「渋谷再開発計画'66」を、複数鉄道駅（山手線、東急東横線、地下鉄銀座線、京王帝都井の頭線）・ショッピングセンター・生活文化諸施設（東急百貨店、東急会館）を空中連絡路で接合するモダン都市計画として（それを支える柱がピロティといえなくもないが）、そして新宿計画（西口駅前広場）を地下二階に駐車場、地下一階にコンコース、地上に道路を作り、隣接ビルを接合する広場として、立案あるいは建造した。[24] 坂倉は、ル・コルビュジエの「輝く都市」構想から着想して、都市を合理的に高層ビルと広場で作り健康的な生活空間として地区に調和すべく造形した。また、丹下健三は、「東京計画一九六〇」を考案してから電通本社ビルの設計を依頼されるや、広く築地エリア全体を対象に「築地再開発計画」（一九六四年）を策定した。[25] のちに本社だけの建築に縮小されたが、本格的な都市計画案を前提にしていた。縮小された建築は増改築可能だからである。磯崎新も、実体論・機能論・構造論・象徴論の四段階都市デザインを定義して、[26] 増改築可能な空中都市―渋谷計画（一九六三年）などを超ル・コルビュジエ的に立案していた。丹下や磯崎が考える都市計画は社会計画や社会変革だったのだろう。

このように、建築家といえども、いや建築家だからこそ、都市環境を考慮して建築設計をしていたことがわかる。建築依頼される地区は、いまやほとんどが密集地区であり、行政当局の都市計画政策や非膨張主義的大資本が関与しないと、無秩序化する。そのため、超機能主義的超合理主義が重視されるモダニズムでは実現が困難であり、さらに折衷様式のポスト・モダン的なものでも難しくなっている。例えば、松隈洋によると、一九七四年に竣工した前川國男の東京海上ビルディング本館（緑地帯を造成）、その隣の村野藤吾の日本興業銀行本店（緑地帯を造成）（一九七四年）、そして新宿三井ビルディングについていえば、前二者は都市景観の統一性を守ろうとするが、後者は、効率機能主義的な貸しビルなのだ。(27) もはや建築家の顔や思想は関係なく、高収益貸しビルという無秩序な都市景観に変容してしまった。ヒューマニズム的モダニズムを主張する建築家・槇文彦も、開発プロジェクトが関わると効率主義になると警告する。(28) いまや東京への一極集中が激しく、モダニズム建築が醸す懐かしい雰囲気の界隈が消えて、超機能主義的なビルばかりが出現する日々なのだ。坂倉のモダニズム建築では、時代の機能的な要求に応えながら、それにふさわしい展望ある建築を作ることが人々のための建築を作ることだった。場所性を強調的に取り込むと引用の建築としてのポスト・モダンになってしまうが、その渋谷の都市計画もいまや見直され始めている。磯崎は「建築家は今世紀にいたって、大都市に敗北した(29)」という。なぜか。あらためてモダニズム建築と大都市、その時代の関係とは何か、そして、モダニズム以後とは何か、ではいま何をすべきなのか、を考えるべきではないのか。槇がいうように「建築は人間の身体と同じで手入れをしていかなければならない」からである。

6　成城は、モダニズム建築を受容して、都市計画を活用したのか

整備された渋谷駅渡り橋や新宿駅西口は、ル・コルビュジエ的都市計画そのものではない。だが、合理的都市機能を重視しているし、ル・コルビュジエが構想する「すまう、はたらく、いこう、いどうする」のうち「はたらく」と「いどうする」とが組み合わさって仕事場がある都心への通勤中

継地として、また「いこう」は駅に隣接する映画館、デパートの膨大な商品販売場、屋上遊園地、共同食堂、プラネタリウムなどの都市散策地として、しかも成城から近い生活文化諸施設として大いに役立った。そして「すまう」は、成城が成城的環境にフィットするモダニズム的朝日住宅展示会から始まる緑豊かな住居と居住地として、「すまう」を実現しているので、ゆったりめの日本的郊外住宅風ではあるとしても、やはりル・コルビュジエ的といっていいだろう。成城は、所要時間二十分程度の渋谷・新宿を含み込み、トータルで「すまう、はたらく、いこう、いどうする」を実現していた。

しかしながら、その成城も近年は住宅の老朽化や相続（敷地の分割や駐車場化）、さらには桜などの樹木の老化のため放置されるか建て替えでモダニズム建築が減少し、駅周辺では、天ぷら屋、居酒屋、すし屋、うどん屋、ウナギ屋、ジャズ喫茶がなくなり、昔の成城の雰囲気が消えつつある。(30) 自治会では「成城憲章」を作り遵守させる運動を続けているが、厳格すぎるとそれがかえって成城の雰囲気の沈滞化・不活発化につながってゴーストタウンになりかねない。では、同じような郊外線の延長にあり緑豊かな田園調布はどうなのか。たしかに高級な田園都市というべきだろう。駅を中心に放射線状に広い道路が延び、イチョウ並木が続くなか、豪華な住居が目立ち、静寂に包まれた街が理想的な都市計画の実現の歴史を誇っているかのようである。人通りが少ないのは、自動車移動が普通だからである。

田園調布の歴史(31)は、一九一八年に実業家の渋沢栄一によって立ち上げられた「理想的な住宅地「田園都市」の開発」を目的とする田園都市設立から始まる。二〇年代に分譲されだし、二六年に地元自治会ができて環境保全を厳しく守っていまの田園調布がある。イギリスを範にした大規模な国際的都市計画のため、見た目は理想的田園都市だ。しかし最近いわれていることは、飲食店などの店舗が少なく勤め人・買い物客・観光客もほぼいない、廃墟、メンテナンスされてない家、メンテナンスされていても住んでいない家、空き地、建築が止まっている家などが目立ち始めて活気がない、家庭維持はお手伝いさんがやっていて人的交流が少ない、相続問題が難しく土地が高くて売れない、などである。[32] 地元自治会が求める低層住宅・緑地保全・分割相続回避を知ると、「成城憲章」でうたわれていることと大きな差はない。成城の先をいっている感さえある。成城が田園調布と違うのは、駅周辺がそれなりの繁華街（「成城憲章」[33]の建築基準でやや寛大に許容された、コルティや成城銀座）を形成していて、かなり集客ができていること、区役所支所への子どもの検診のため多くの若い家族が往来していること、さらに、成城学園小・中・高校の児童・生徒や成城大学の学生（外国人留学生を含む）、東京都市大学付属小・中・高校の児童・生徒や東京都市大学の学生、さらには科学技術学園など学校の生徒の出入りが絶えないことである。しかし、それだけであれば田園調布のゴーストタウン化危機に仲間入りしかねない。では、「成城憲章」を緩めればいいのかというと、それでは単なるベッドタウン型の郊外都市になってしまうだろう。そうしないためには、成城らしさとは何か、近未来の成城はどうあるべきかをいま一度考えなければならない。そして、成城にいる人、くる人たちの相互交流を増やさなければならない。

こうした状況を総括すると、モダニズム建築やモダニズム都市計画に乗って繁栄した成城がいまや過渡期にあることがわかる。都心は、次々とモダニズム建築が消えて超高層化が進み、環境といい雰囲気といい急速に変わってきている。場所によっては半年立ち寄らなかっただけでまったく別物になっていることに驚かされる。成城は相変わらず緑が多いのはいいが、住居についていえば、かなり非統一的な建て替えが進み、駐車場が目立つようになり、少しずつ豊かな落ち着きや安心感が消え始めている。どうすべきなのか。例えば、十八世紀や十九世紀の雰囲気が残るパリやローマでは見た目の外装の維持のために膨大な補助金を出す。そして内装は、驚くほどシンプルで現代的な住みやすさが保証される。そうすべきなのか。そもそも、成城の建築群は、そこまで歴史的価値があるものなのか。いや、それでも現状維持に補助金を出すべきなのではないか。いずれにしても必要なのは、モダニズム建築のありようも含めた成城ならではの都市計画だろう。(34)

注

(1)増沢洵の作品リストは以下を参照。「増沢建築設計事務所」(https://www.masuzawa.design/list4)［二〇二〇年二月十二日アクセス］

(2)加藤道夫監修『ル・コルビュジエが見たい!』(新書y)、洋泉社、二〇一六年、一一―一三〇ページ

(3)人間の身長(ヨーロッパ型で百八十三センチ)と手を伸ばした長さが二百二十六センチになる。人間の身体寸法をフィボナッチ数列を使って分割し、独自の寸法体系として展開させたもの。ル・コルビュジエは、人体の寸法と合わせることで、モデュールに建築の機能的な問題と生きる人間の居住感覚を加味できた(有山宙「モデュロール」「artscape」[https://artscape.jp/artword/index.php/ モデュ

ロール」［二〇二〇年二月十二日アクセス］）。
（4）当時ル・コルビュジエのアトリエにいた進来廉によると、桂離宮の卍邸からの着想らしい。吹き抜けを支える象徴的な柱と梁の架構は、東大寺大仏殿の木造部分から着想か。また、三角窓は富士山から着想か。
（5）現在はル・コルビュジエ財団の本部が入っている。
（6）Le Corbusier, *Le Corbusier & Pierre Jeanneret: Œuvre complète*, vol. 1, publiée par Willy Boesiger et Oscar Stonorov, Les Editions d'Architecture Artémis, 1974, p. 65.（邦訳：ウィリ・ボジガー／オスカル・ストノロフ編『ル・コルビュジエ全作品集』第一巻、吉阪隆正訳、A.D.A. EDITA Tokyo、一九七九年、五七ページ）
（7）五つの要点については、以下を参照。Le Corbusier, *Précisions sur un état présent de l'architecture et de l'urbanisme*, Éditions Crès, 1930; Altamira, 1997.（邦訳：ル・コルビュジェ『闡明（プレシジョン）――建築及都市計画ノ現状ニ就イテ』古川達雄訳、二見書房、一九四二年、ル・コルビュジエ『プレシジョン――新世界を拓く建築と都市計画』上・下、井田安弘／芝優子訳〔ＳＤ選書〕、鹿島出版会、一九八四年）、Le Corbusier, *Le Corbusier & P. Jeanneret.*（邦訳：前掲『ル・コルビュジエ全作品集』第一巻）、林要次著、寺田晶子画「建築思想図鑑 第一回 近代建築の五原則」「ＷＥＢ版『建築討論』」(http://touron.aij.or.jp/2016/03/1056)［二〇二〇年二月十二日アクセス］
（8）Le Corbusier, *Vers une architecture*, Les Editions G. Crès et Cie, 1923.（邦訳：ル・コルビュジエ『建築をめざして』吉阪隆正訳〔ＳＤ選書〕、鹿島研究所出版会、一九六七年）
（9）千代章一郎／塚野路哉「建築家ル・コルビュジエの「屋上庭園」への感性――近代建築家の旅が建築構想へ与えた影響」(http://tsukano.jp/information/textdata/2011jske_taikai.pdf)［二〇二〇年二月

十二日アクセス」。ル・コルビュジエの『東方旅行』については以下を参照。Fondation Le Corbusier, *L'invention d'un architecte: Le voyage en Orient de Le Corbusier*, Éditions de la Villette, 2013.

(10) 安藤忠雄『ル・コルビュジエの勇気ある住宅』(とんぼの本)、新潮社、二〇〇四年

(11) もちろん、ル・コルビュジエ自身そのことはすでに言及している。「鉄筋コンクリートの屋根の保護に一番いいのは、庭をつくることだと経験から教えられたと述べた。それは膨張収縮による被害を中和する役目を果してくれる」と。Le Corbusier, *Le Corbusier & Pierre Jeanneret*, vol. 4, publiée par Willy Boesiger et Oscar Stonorov, Les Editions d'Architecture Artémis, 1971, p. 140.(邦訳:ウィリ・ボジガー編『ル・コルビュジエ全作品集』第四巻、吉阪隆正訳、A.D.A. EDITA Tokyo、一九七八年、一三八ページ)

(12) 弟子たちについては、以下を参照。越後島研一『ル・コルビュジエを見る——20世紀最高の建築家、創造の軌跡』(中公新書)、中央公論新社、二〇〇七年

(13)「世田谷区役所・区民会館を見る」「近代建築の楽しみ」(https://www.ohkaksan.com/2017/01/29/世田谷区役所-区民会館を見る/)[二〇二〇年二月十二日アクセス]

(14) 建て替えの案もあったが、二〇一六年一月十日に、蔦屋書店やスターバックスコーヒーを含む、ロームシアター京都としてリニューアルオープンした。モダニズム建築の再活用のモデルになった。

(15)「埼玉県立博物館を見る」「近代建築の楽しみ」(https://www.ohkaksan.com/2017/02/19/埼玉県立博物館を見る/)[二〇二〇年二月十二日アクセス]

(16) Le Corbusier, *La ville radieuse: éléments d'une doctrine d'urbanisme pour l'équipement de la civilisation machiniste*, Éditions de l'Architecture d'aujourd'hui, coll. « de l'équipement de la

civilisation machiniste », 1935.（邦訳：ル・コルビュジェ『輝く都市』坂倉準三訳〔SD選書〕、鹿島研究所出版会、一九六八年）

（17）丹下健三『人間と建築——デザインおぼえがき 復刻版』彰国社、二〇一一年

（18）磯崎新『ル・コルビュジエとはだれか』（王国社、二〇〇〇年）を読むかぎり、磯崎は建築や都市計画についてル・コルビュジエからかなり啓発されていることがわかる。つくばセンタービル（一九八三年）については、以下を参照。磯達雄著、宮沢洋画、日経アーキテクチュア編『ポストモダン建築巡礼』日経BP社、二〇一一年

（19）現在の「大阪文化館・天保山」である。

（20）前掲『ル・コルビュジエの勇気ある住宅』

（21）マルセイユのユニテ・ダビタシオンは、「すまう」と「いこう」を実現しただろう。光を多く浴びてゆったり開放的に暮らすために、あるいは働くために、内装や家具類にまで気を配り、真ん中の階に食料品店街や本屋・郵便局・レストランなどを、最上階に幼稚園を入れて、屋上には映画投射用壁面・体育館・三百メートルのトラック・プール・公園・日光浴場・バー・ビュッフェなどを敷設した。日光浴ができる植栽グリーンゾーンと常に接すること、体育館・運動場・プールによって心身のフレッシュアップを図ること、それらは機能的で快適でなければならない。室内と室外を隔てるのに、相互交流ができる透明なガラスや薄い壁が必要なのだ。そのため、開放のシステムなのである（「マルセイユのユニテ・ダビタシオン」については、以下を参照せよ〔https://www.sites-le-corbusier.org/fr/unite-habitation〕［二〇二〇年二月十二日アクセス］）。前川國男はその日本版《晴海団地高層アパート》〔正式名称は「晴海団地十五号館」（一九五七年）〕を設計した）。それが、モダニズムの基本概念の具体化になる。そして、こうした彼の建築があったからこそ、モダンな生活ができるといえる。

逆にいうと、時代がその建築をなかなか歓迎しないにもかかわらず、モダンの建築とは何か、過去とどのように向き合うか、機能主義的でありながら自然や都市の環境をどのように快適に＝健康的に取り込むか、という問いを出し続けてできた建築なのである。そのため、機能主義的合理主義の「より少ないことは、より豊かなこと」（ミース・ファン・デル・ローエ）を、そして自由な間仕切りを原理とするいわゆるモダニズム建築とはやや異なる。そもそも、機能主義的合理主義であれば、屋上庭園やロンシャン礼拝堂など着想できなかっただろう。ル・コルビュジエはピュリスムの画家だったが、その作風も静物画から対象が女性や牡牛になったのは、彼に生きるもの、生きることへの強い関心があったからではないか。

(22)「日本経済新聞」二〇一一年一月十八日付夕刊

(23) インドの新都市チャンディガール（百二十ヘクタール、人口五十万人）でその一部を実現した。商業地区に多くのドミノ的建物、行政地区に記念碑的な公共建築を造営した。ル・コルビュジエ以前にここまで手広く都市計画を含めて総合的に建築を考えた建築家がいただろうか。彼はそれまでの建築法や住宅観から完全に離脱して、同時代・近未来の状況や環境に合う機能的で快適な建築を構想し実現した。そのため、建築のモダニズムなのである。

(24) 神奈川近代美術館『建築家坂倉準三展』図録、建築資料研究社、二〇一〇年、新宿駅西口広場建設記録刊行会編著『新宿駅西口広場――坂倉準三の都市デザイン』鹿島出版会、二〇一七年

(25) 丹下健三『建築と都市――デザインおぼえがき 復刻版』彰国社、二〇一一年

(26) 磯崎新「都市デザインの方法」『空間へ』美術出版社、一九七一年（初出は「建築文化」一九六三年十二月号、彰国社）

(27) 松隈洋「定点観測点としての東京駅」『ル・コルビュジエから遠く離れて』みすず書房、二〇一六

年

（28）槇文彦『漂うモダニズム』左右社、二〇一三年

（29）藤村龍至編『ユートピアはどこへ――社会的制度としての建築家』（「磯崎新建築論集」第六巻）、岩波書店、二〇一三年

（30）「週刊ダイヤモンド」（二〇一八年二月三日号、ダイヤモンド社）の「成城ブランド」に関する記事によると、高級住宅街成城に不釣り合いな賃貸アパート（居室面積がわずか二畳半も含む）が複数建設されているという（中村未来「なぜ成城ブランドは凋落したのか？高級住宅街の地位陥落、賃貸アパート乱立の理由」「Business Journal」〔http://biz-journal.jp/2018/07/post_23993.html〕［二〇二〇年二月十二日アクセス］）。それを防ぐ事例として、兵庫県芦屋市の六麓荘町の建築協定を挙げている（同ウェブサイト）。成城のまちについて、とりわけ「いいしえの歴史」「成城学園とまちの歴史」「成城のまちの自然環境と景観」「地域の学校一覧」「東宝スタジオと成城のまち」「成城学園前駅と成城のまち」「自治会の歴史」「区政の歩み」「資料」については、以下を参照せよ。成城自治会『成城のまち』成城自治会、二〇一五年

（31）都市計画と田園調布の形成史については、以下の論文を参照せよ。福島富士子「田園調布の計画の変遷について」（https://www.jstage.jst.go.jp/article/journalcpij/32/0/32_55/_pdf）［二〇二〇年二月十二日アクセス］

（32）現在の田園調布の様子については、以下のサイトを参照せよ。廣田信子「田園調布に忍び寄るゴーストタウン危機。セレブ住宅街の辛い現実」「MAG2NEWS」（https://www.mag2.com/p/news/250461）［二〇二〇年二月十二日アクセス］、「田園調布は思っていたより大きく、しかも昭和に取り残された街だった（田園調布滞在記）」「yuumi3のお仕事日記」（https://yuumi3.hatenablog.com/

entry/2016/10/28/104725)［二〇二〇年二月十二日アクセス］。前者で廣田は「せっかく守って来た環境を、開発で台無しにするような都市計画の見直しはあまりにも残念過ぎます。しかし、人口減少社会の現実は厳しいものがあります。田園調布が抱える現実は、人口減少社会に都市が抱える問題の象徴であり、都市に暮らす住民すべてが無関係ではいられない未来の住宅問題の出発点とも言える」(傍点は原文)としている。成城が抱える問題と大いに共通する。

(33) 成城自治会「成城憲章」成城自治会、二〇一六年

(34) 成城自治会は、『成城ビジョン2014』(成城自治会、二〇一四年)で「成城ビジョンアンケート調査結果のお知らせ」を刊行して、固有の都市計画で将来ビジョンを提示している。

第6章　都市の住まいとまちなみ——「成城」を通して考える

山本理奈

はじめに——都市のリズムと人のリズム

ふと思い立って、お気に入りの店を久しぶりに訪ねてみる。すると、これまでとはまったく違う店になっていることに気づき、見慣れた風景が跡形もなく消え去っている。そんな経験をしたことのある人は、案外多いのではないだろうか。

こうした経験は、東京という「都市のリズム」と、そこで生きる「人のリズム」との間にある微妙な落差に、あらためて気づかせてくれる瞬間なのかもしれない。東京では、親しみのある風景が変わっていくスピードは思いのほか速く、人の気持ちのほうがついていかないということは、店などの商業施設だけではなく、人々の住まいにも当てはまるようである。

実際、東京では、慣れ親しんだなじみ深いまちなみが、真新しい大規模なマンションへと次々と建て替えられていく。生活を感じさせる家々の佇まいが、一つずつ消えていく。こうした現象もまた、東京という「都市のリズム」を具体的に感じさせる出来事の一つなのだろう。ただ、東京に暮らしていると、こうした建て替えのスピードに、言い換えればスクラップ・ビルドの速度に、気づかないうちに慣らされていく側面もある。

戦後の日本社会は、高度経済成長を通して農村から都市への大規模な人口移動を経験し、東京では、多くの人々が郊外に持ち家を取得することを目指すようになった。そのなかで、マイホーム主義と呼ばれる新しいライフスタイルが人々のなかに浸透していき、住宅は「建てるモノ」というよりは、むしろ「購入するモノ」となっていく。その結果、人々の住まいは、従来のように受け継ぐ対象というよりは、耐久消費財と同じように使い捨ての対象、すなわちスクラップ・ビルドの対象へと変容したからである。(1)

東京では、経済原理に貫かれた資本の波、すなわち「都市のリズム」が押し寄せると、瞬く間に見慣れた風景が刷新されていく。日々の生活の積み重ねが生み出す「人のリズム」よりも、はるかに速いこうした普請のスピードにさらされながら、東京の住まいとまちなみは、いま岐路に立たされている。言い換えれば、それぞれの住まい手が、長い年月をかけて自らの住まいを住み心地の良いものにし、住み応えのあるものに変え、住みこなしてきた、その相乗的な効果として生み出されたまちなみが、消失の可能性にさらされている。

本章では、以上の問題意識のもと、「都市のリズム」が「人のリズム」をのみ込んでいく東京において、「人のリズム」をどのように維持することができるのかという問いを考えていく。まず第1節では、都市の住まいをめぐる現状について考察をおこなう。次に第2節では、都市の住まいの現状とその問題点を踏まえながら、今後の住まいを考えるうえで重要となる二つの論点――時間の堆積性と都市の集住性――を提示する。そして第3節では、二つの論点に即して住まいとまちなみの価値を捉え直し、「成城」というまちの現在に着目しながら、「人のリズム」を維持する仕方について検討することにしたい。

1　都市の住まいと現在の状況

問い直される住宅供給の枠組み

戦後の住宅政策の根幹をひと言で表現するならば、それは「一世帯一住宅」という考え方である。この考え方は、住宅の購入者層を広げ、販売戸数を最大化しようとする戦後の住宅産業と結び付くことによって、持ち家社会の形成やマイホーム主義というライフスタイルを生み出す大きな役割を果たしてきた。なぜなら、この考え方は「相続」による持ち家の継承という形から、「購入」による持ち家の取得への転換を促進したからである。

ここで重要なことは、「一世帯一住宅」という考え方が、住宅を複数の世帯による「共時的な共有」から切り離すとともに、複数の世代にわたる「通時的な共有」からも切り離し、「一世帯一世代」を住宅購入者として主体化した点にある。事実、「一世帯―一世代―一住宅」という住宅供給の枠組みは、高度経済成長を契機に大都市とその通勤圏に形成された、夫婦と子どもからなる世帯の増加に照準し、核家族を住宅購入者の主要なターゲットとすることによって、これまで効果的に機能してきた。その結果、大都市圏では郊外を中心に、マイホームと呼ばれる持ち家が持続的に蓄積され、現在の持ち家社会を形成するに至っている。

しかし、こうした従来の住宅供給の枠組みは、少子高齢化のもとで、夫婦と子どもからなる世帯が減少し、高齢者の一人暮らしが増加していく現在の局面のなかで、限界を迎えている。

増え続ける空き家

現在、東京圏（東京都、神奈川県、埼玉県、千葉県）では、団塊の世代の高齢化に伴い、持ち家を所有する高齢者世帯がかつてない規模で急速に増加している。しかしながら、高齢者世帯が所有するマイホームを、血縁による世代間継承だけで維持することは現実的に不可能であり、膨大な量の持ち家が空き家へと転じる可能性を考慮しなければならない[2]。実際、住宅のストックに関する主要統計である「住宅・土地統計調査」によれば、現在、総住宅数の一三・六パーセントがすでに空き家であり、空き家率はすべての都道府県において一〇パーセントを上回っている[3]。

これまで空き家の問題は、おもに地方の農村の過疎地域で深刻な問題として取り上げられることが多かった。しかし今後は、都市においても空き家問題が深刻化すると懸念されており、既存の住宅ストックをどのように有効活用するかは、住宅政策の重要な課題となっている。[4] 特に、高度経済成長期を通して膨大な人口流入に対応するために大量の住宅が供給された大都市圏において、この問題は今後、きわめてクリティカルな課題になることが予想される。

なかでも、都市居住の形態として定着している分譲マンションは、一つの建物を多くの人々で区分所有するものであるため、①権利・利用関係が複雑であり、②意思決定が難しく、③修繕などの際にも専門的知識を必要とし、維持・管理をおこなううえで多くの問題を抱えている。それゆえ、分譲マンションのストックが有効活用されずに空き家となり放置されれば、周辺の住環境の質の低下を引き起こす恐れがあるといえる。[5]

例えば、分譲マンションのストックが全国で最も多い東京都では、そのストック数はすでに百五十万戸を突破しており、築三十年を超えるものも多い。[6] こうした老朽化した分譲マンションをどのように維持・管理し、また場合によっては再生していくかが現在問われているのであり、建築学の分野ではすでにこうした観点から、おもに公共住宅ストックを対象にした再生手法に関する研究が積み重ねられてきている。[7]

立ち遅れる高齢者住宅の整備

加えて、現在日本では、都市の高齢化に伴う人口や世帯構成の大きな変化が、近い将来、介護施設やケア付住宅などの高齢者住宅の深刻な不足をもたらすと懸念されている。高齢人口の増加や高齢者の一人暮らしの増加といった現象は全国に共通する趨勢だが、東京圏の問題はそれがきわめて大規模かつ短期間に生じる点にある。

特に七十五歳以上の後期高齢者の増加数は著しく、国立社会保障・人口問題研究所の推計によれば、二〇一五年から二五年にかけて、東京圏ではおよそ百七十五万人の増加が見込まれ、その数は全国の増加数の約三分の一を占めるとされる[8]。その背景には、高度経済成長期を通して地方から東京圏に大量に流入してきた若年人口が一斉に後期高齢化していくという社会状況が関係しており、なかでも第一次ベビーブーム世代（一九四七年から四九年生まれ）がすべて七十五歳以上になる二五年以降、厳しい局面を迎えることが予想される。

なお、世帯主が七十五歳以上の世帯のうち、今後の増加数が最も多い世帯類型は単独世帯であり、二〇一五年の九十一万世帯から二五年には百三十四万世帯へと、およそ四十三万世帯増加すると推計されている。これに夫婦だけの世帯を合わせると、「高齢者だけの世帯」は十年間で七十八万世帯増加することが予想される[9]。こうした急激な高齢化に対応するにあたり、東京圏において高齢者住宅が十分に用意されているわけではなく、需給のバランスの不均衡が引き起こす居住問題が、日本創成会議の「東京圏高齢化危機回避戦略」などに見られるように、議論の対象となっている[10]。

2　これからの住まいと論点

二つの論点

以上のような現在の状況を踏まえながら、これからの住まいを考えていくうえで重要と思われる論点、すなわち、①時間の堆積性、②都市の集住性、という二つの論点について考えることにしたい。

まず、時間の堆積性とは、「過去から将来に向けて、どのように住まいを共有するのか」という通時的な共有に関する論点のことを指す。言い換えれば、建物の住み継ぎをどのように実現すればいいのかという問題である。これに対して都市の集住性とは、「いま、どのように居住地域を共有するのか」という共時的な共有に関する論点のことを意味する。言い換えれば、人々の日常生活に根ざした景観をどのように維持するのかという問題である。

これらの論点を考えるうえで参考となるのが、かつて東京都の杉並区に存在した「阿佐ヶ谷住宅」と呼ばれる、テラスハウス形式をメインにした住宅地である。(11) 一九五八年に入居が開始されたこの住宅地(12)は、日本住宅公団が手がけた初期の団地であり、半世紀の時を経て、およそ新築の住宅では醸し出すことができない雰囲気と年輪を感じさせるものに変化していた。

どんなに古く醜い家でも、人が住むかぎりは不思議な鼓動を失わないものである。変化しながら安定している、しかし、決して静止することのないあの自動修復回路のようなシステムである。磨滅したか風化してぼろぼろになった敷居や柱も、傷だらけの壁や天井のしみも、動いているそのシステムのなかでは時間のかたちに見えてくる。住むことが日々すべてを現在のなかにならべかえるからである。家はただの構築物ではなく、生きられる空間であり、生きられる時間である。[13]

阿佐ヶ谷住宅には、多木浩二の言葉を借りるならば、人々によって「生きられる空間」の痕跡と、「生きられる時間」の奥行きが存在していた。ただ残念ながら、二〇一六年に民間の不動産業者によって分譲マンションへと建て替えがおこなわれ、現在は、往時の様子を見ることはできない。

阿佐ヶ谷住宅の消失は、資本の波にのみ込まれ、すべてが真新しいマンションなどに刷新されていくという、「都市のリズム」の具体的なありようを肌で感じさせる典型的な出来事といえるだろう。このように、「都市のリズム」が「人のリズム」をのみ込むように風景を変えていくことは東京では日常茶飯事であり、「人のリズム」を維持することはかなり難しい傾向にある。

それゆえ、「都市のリズム」が波のように押し寄せる東京において、「人のリズム」をどのように維持することができるのかという点は、今後、都市の住まいとまちなみを考えるうえで重要な課題になるといえるだろう。この点を考えるために、以下では阿佐ヶ谷住宅を通して、「人のリズム」とはいったい何なのか、そしてその具体的な中身について、二つの論点に即しながら検討することにしたい。

時間の堆積性

住宅の商品化を通して、人々にとって住まいが「購入するモノ」となった結果、その建物の部分が耐久消費財と同じように使い捨ての対象、すなわちスクラップ・ビルドの対象となったという問題がある。

事実、減価償却という考え方に典型的に示されているように、住宅の建物の部分は、新築時点を頂点にその価値は減退していくと日本社会では考えられている[14]。こうした考え方は、建物の劣化や地震などの要素を考え合わせるとある程度仕方ない側面もある。ただ、時を経ることがもたらす建物への影響を、経年劣化という観点からのみ捉える考え方は、建物を捉えるうえでかなり一面的な見方ではないだろうか。

実際、たとえ商品として購入された建売住宅であっても、時間の経過が単なる劣化をもたらすのではなく、形容しがたい味わいや奥行きをもたらし、人々を魅了する場合もある。例えば大月敏雄は、日本住宅公団が初期に手がけた分譲住宅や、同潤会が手がけた分譲住宅の魅力を、これらの集合住宅が抱える「時間の深さ」の観点から描き出している[15]。

たしかに、これまで膨大な量の住宅がただ古く汚くなったことを理由に、減価償却の観点から、建て替えや取り壊しの対象とされてきた。東京では、「都市のリズム」が押し寄せると、古い建物は住み継がれるモノとしてではなく、廃棄されるモノとして消えていく運命にあり、阿佐ヶ谷住宅といえどもその例外ではなかった。

しかしながらこの住宅地は、そこに住まう人々の日々の生活の積み重ねによって、味わい深い奥行きがそれぞれの家々にもたらされており、「人のリズム」を実感させるものに変化していた。この意味において阿佐ヶ谷住宅は、「時間の堆積性」という論点を考えるうえで、ポジティブな可能性を示す一つの恰好の事例となっていた。

今後、「人のリズム」の維持を考えるうえで重要となるのは、阿佐ヶ谷住宅に見られるような、人々の居住の営みが生み出す建物の佇まいを、ポジティブに評価する仕組みを新たに構築することではないだろうか。居住の営みがもたらす味わい深い佇まいが評価されるようになり、減価償却の一元的な価値観が後退するとき、日本社会ははじめてスクラップ・ビルドの慣習から抜け出し、建物の住み継ぎを実現する可能性を高めていくと考えられるだろう。

都市の集住性

阿佐ヶ谷住宅では、それぞれの住戸の専用庭との連続線上に、さまざまな草花や木々が生い茂る空間が広がっていた。住まい手たちはそこで草花の手入れをしたり、花見をしたり、バーベキューをしたり、子どもたちを遊ばせたりしていた。そうした日々の積み重ねのなかで、人々は少しずつ互いに手をかけることによって、「生きられる共有空間」とでも呼ぶべき場を生み出していた。

こうした共有の場は、阿佐ヶ谷住宅を手がけた津端修一の言葉を借りれば、「コモン」の一つのあり方だといえるだろう。[16] 重要なことは、この共有の場が、計画的につくられたものではなく、人々の日常生活の積み重ねの結果として生み出された空間だったという点である。言い換えれば、住まい手たちに共有される日常の風景が、日々の生活のなかで自生的につくり出されていた点。このことが、阿佐ヶ谷住宅の魅力を醸成するうえで重要な役割を担っていたと考えられる。

ここで留意すべきことは、互いに見知らぬ者同士が偶然集まって住むことになったにもかかわらず、そこには味わい深い「暮らしの共有の場の風景」が住民たちによってつくり出されていたことである。つまり、阿佐ヶ谷住宅が醸し出す雰囲気や年輪は、単にその建物だけによるものではなく、そこに集う住人たちが年月をかけて形成してきた日常の風景にも由来しており、「都市の集住性」という論点を考えるうえでも重要な事例となっていた。

松原隆一郎は、「人工的につくられたはずの都市にも人の営みのなかでつくりあげられる雰囲気というものがあって、いわば人工のなかにも自然」があると指摘している。つまり、「最初は人工的につくられたとしても、そのあとの人の流れとか古び方とか修復の仕方によって立ち現れてきた何か非人工的な部分、歴史的な部分、社会的な部分があるのではないか」と述べ、それを「日常景観」と呼んでいる。(17)

こうした「日常景観」は、植物の自然の秩序が生み出した結果でもなければ、計画に基づく人工の秩序がつくり出した結果でもない。その中間に位置しながら、人々の居住の営みの相乗的な効果としてはじめて実現するものであり、日常景観をどのように維持するかは、「人のリズム」の維持に直結する論点だといえる。言い換えれば、今後、都市のまちなみを考えるうえで要になるのは、日常景観の維持をサポートする仕組みをどのように構築するのかという点ではないだろうか。この点で参考になるのが、「成城」というまちの取り組みである。それゆえ次節では、成城のまちなみに着目しながら、「人のリズム」を維持する方法について検討することにしたい。

3 成城とまちなみのゆくえ

住まいの価値とまちなみの価値

ここで、「住まいの価値」と「まちなみの価値」についてあらためて考えてみることにしよう。住まいのうち、土地の部分は、不動産市場では「地価」という形で捉えられ、通常金銭との交換可能性によって、その価値が決められている。ただし、そうした金銭によって捉えられる価値は、バブル景気などによって大きく左右されるため、「住まいの価値」を考えるうえで、必ずしも適切な指標とはいえないところがある。言い換えれば、ある住まいの建物やそれが立地している地域の状況がまったく変化していない場合でも、市場との連動によって価格は上下することがある点に留意しなければならない。

これに対して、住まいをめぐる建物の部分は、不動産市場ではその価値が減価償却という考え方で捉えられている。これは、新築時点を頂点にその価値は下がっていくという、新しさに重点を置いた考え方である。しかし、時間の経過が単に劣化をもたらすのではなく、新築ではおよそ醸し出すことができない味わいや佇まいを住まいにもたらし、人々を魅了する場合もある。

また、草花の手入れなど、個々の住まい手が日常生活のなかで少しずつ手をかけることによってつくり出す雰囲気や景観が魅力的なまちなみを形成し、立地条件を高めていくこともある。「住まいの価値」とは、こうした人々の居住の営みの結果として生み出される価値のことを指している。それゆえ「まちなみの価値」とは、人々の日常生活の実践がつくり出す「住まいの価値」を中核として、都市機能、利便性、環境、歴史、文化といった、さまざまな立地条件を含み込むようにつくられており、単純に「地価」に還元されるものではない。

むしろ、今後、まちづくりの観点から重要になってくるのは、住まいをめぐる人々の創造力、言い換えれば自分の住まいに対する住民のはたらきかけではないだろうか。日々の暮らしのなかで、それぞれの住まい手が自分たちの暮らす場所を住み心地の良いものにし、住み応えのあるものに変え、年月をかけて住みこなしていくとき、それらのはたらきかけが相乗的に積み重なった結果、「まちなみの価値」は高まっていくと考えられるだろう。

成城と緑の深さ

成城のまちなみは、時の流れに沿ってマンションが建つようになり、古い家屋を取り壊した跡地に駐車場が散見されるようになるなど、年々様変わりを続けている。ただ、成城のまちを歩きながら、空高く伸びた街路樹を見上げるとき、この地を住み継ぎ、共有してきた多くの人々の存在を、ふと感じる人もいるのではないだろうか。春の訪れを感じさせるサクラ並木、秋晴れのイチョウ並木、そして一年を通して生い茂る、家々のみずみずしい生け垣や樹木。変わりゆくまちなみのなかで、過去から現在の住まい手、そして未来の住まい手へと、目に見えない糸でつないでいくのは、こうした成城の緑の深さなのかもしれない（写真１・２）。

成城というまちの「緑の深さ」は、植物の自然の秩序が生み出した結果でもなければ、計画に基づく人工の秩序がつくり出した結果でもない。その中間に位置しながら、人々の居住の営みの相乗

写真1　成城のサクラ並木
（出典：「成城憲章」成城自治会、2017年）

写真2　成城のイチョウ並木
（出典：同資料）

写真3　生け垣
（出典：成城みどりのスタイルブック制作チーム編「成城みどりのスタイルブック」成城自治会・世田谷トラストまちづくり、2017年、25ページ）

的な効果としてはじめて実現するものである。実際、成城のまちなみに関する住民の紳士協定である「成城憲章[18]」には、家々の生け垣や庭先の樹木などについて、その保全のための条項が次のように設けられている（写真3・4）。

> 成城のまちの景観の魅力でもある生け垣や樹木のある緑に包まれた庭づくりを進めてください。また、保存樹木をはじめ既存の敷地内の樹木はできるだけ保全してください[19]。

こうした住民による自発的な緑の保全の動きは、成城というまちの創生期から現在まで継続されてきたものであり、そうした歴史的な来歴を、「成城憲章」の前文は説明している。

> 私たちのまち成城は、大正期に成城学園の立地と郊外住宅地の開発とが結びついて、理想の学園都市をめざして誕生しました。成城には武蔵野の面影を残す緑豊かな自然環境に包まれた閑静で清潔な住宅地と、洗練された学園としてのイメージがあります。それには、住宅地創成

に当たっての生け垣と庭園設置の申し合わせが、その後の閑静な街並み形成と人的交流に大きく貢献したと考えられます[20]。

ここでふれられている創生期の申し合わせを調べてみると、次のように家々が外部に接する部分に、生け垣や樹木などの緑を植えることが推奨されている。また、隅切り[21]と呼ばれる人々の工夫や、創生期のまちなみの雰囲気をいまに伝える住まいも残されている（写真5・6）。

写真4　庭先の樹木
（出典：同パンフレット33ページ）

住宅地ノ外囲ニ就テ板塀ヤ煉瓦塀ハ風致ヲ害シマスカラ、コンクリート又ハ大谷石ノ土玻ヲシテ芝貼リノ土堤ニ小樹木ヲオ植ニナルカ又ハ生垣ニ致シタク、ソノ工事ニ就テハ多数ヲ一緒ニ請負ハスレバ安価ニ上リマスカラ一応他所部ト御相談下サイ[22]。

「成城」というまちのこうした取り組みを通して見えてくるのは、地価のような市場取り引きでの価値よりも、むしろ人々の居住の営みが生み出す「住まいの価値」（味わい深さ＝佇まい）や、その相乗的な効果としての「まちなみの価値」（緑の深さ＝日常景観）のほうが、「人のリズム」の維持を考えるうえでより重要なのではないか、という〈問いかけ〉である。

写真5　隅切り
（出典：同パンフレット25ページ）

写真6　当時の面影が残る旧山田邸（成城4丁目）
（出典：同パンフレット25ページ）

まちなみのゆくえ

成城の緑の深さは、そのときどきの住民が手をかけることによって生み出され続けているものであり、時代によってその様相を少しずつ変えてきている。創生期から維持されている大木もあれば、さまざまな理由で住まい手とともに消え去っていった樹木もある。しかしながら、新たな住まい手が新たに小さな樹木を植え、草花のガーデニングを始めていく。こうした人々の具体的な生活の連なりが、緑に恵まれた成城のまちなみを、形を変えながらも百年余り維持してきた点を押さえておく必要があるだろう。

しかし成城にも、阿佐ヶ谷住宅と同じように「都市のリズム」が波のように押し寄せてきている事実を無視してはならないだろう。「成城憲章」の前文は、この事実を正面から受け止め、次のように記している。

> 時代の変化に伴って、成城のまちも変容しつつあります。居住者の高齢化や生活環境の変化などに伴って、最近では新たな開発や建築の動きが急速に進んでいます。その結果、成城のまちには、敷地の細分化、緑や生け垣の減少、街並みと調和しない建物の出現、交通量の増加による環境の変化、国分寺崖線などでの開発の進行と自然環境の喪失、コミュニティの変化などによる問題が起こり、旧来のまちの良さが失われつつあります。(23)

ここには、東京のほかのまちも直面している共通の問題群が提示されており、成城といえども例外なく、経済原理に貫かれた資本の波にさらされていることが如実に示されている。言い換えれば、生誕からおよそ百年の時を経て、それぞれの住まい手が自分の暮らす住まいを住み心地の良いものにし、住み応えのあるものに変え、年月をかけて住みこなしてきた結果、醸成された成城の味わい深いまちなみも、いま消失の可能性にさらされているという懸念を、この前文は語っているといえるだろう。

それでは、こうした迫りくる「都市のリズム」に、「人のリズム」はどのように抵抗することができるのだろうか。ここであらためて考えてみたいのは、「都市のリズム」と「人のリズム」が拮抗する成城において、「成城憲章」が、「人のリズム」に基づく具体的な抵抗の形を示すものとなっている点である。

私たちは二十一世紀の初頭に当たり、時代の変化に対応しながら、緑の保全と創出を基本とする成城らしさに溢れた街並みを継承発展させ、いつまでも住み続けることを願い、成城に住む人々の自治と共生の精神によって育まれていくまちづくりの基本理念を共有するために「成城憲章」を制定することとします。(24)

ここに示されているように、緑に恵まれた良好な住環境を守りたいと願う個々の住まい手たちの「必要」が相乗的に積み重なった結果、成城では、まちなみが長年にわたって維持されてきたという事実がある。重要なことは、住民が自発的に生み出した目に見えないルールが、そこには存在してきたという点である。そうした住民の間に自生的に醸成されたルールを明文化したものが「成城憲章」であり、このことはその策定趣旨にも見て取ることができる。

この成城憲章は、成城に住む私たちの願いを広く宣言するものです。成城憲章は、法令としての拘束力を持つものではありませんが、成城のまちの環境と暮らしを守るために、住民ひとりひとりが進んで遵守すべき規範を住民の総意として示すものです。(25)

「成城憲章」は、ここに記されているように紳士協定であるため法的拘束力をもたない。しかし「成城憲章」を通して見えてくるのは、緑に恵まれた成城のまちなみが、行政主導のまちづくりのもとで、いわば上からの「計画」にしたがって維持されてきたものではなく、そのときどきの住民のもとで、いわば下からの「必要」によって維持されてきたという点である。

こうした住民による具体的な抵抗の形こそが、これからのまちなみを左右するうえで要となるのではないだろうか。つまり、まちなみのゆくえを考えていくうえで重要となるのは、「成城憲章」に見受けられるような、住民の「必要」の論理に基づくある種の社会規範ないし自生的秩序だと考えられる。本章において「人のリズム」と呼んできたものも、こうした人々の「必要」の論理に基づく自生的秩序にほかならない。(26)

ただし、「人のリズム」が人々の暮らしの営みに基づく自生的秩序である以上、それを作為的にコントロールすることは難しく、行政などと連携して政策的な課題にするうえでは、独特の困難を伴わざるをえない。(27) 言い換えれば、政策的には困難な課題であるものの、上からの「計画」の論理ではなく、下からの「必要」の論理を政策につなげることが、問われているのだといえるだろう。その意味において、行政には住民が生み出す自生的秩序の形成・維持を側面的に支援することが、いま求められている。

おわりに――住まいをめぐる想像力／創造力

住まいの集積としてまちなみを捉える視座に立つとき、自生的秩序に根ざした都市のまちなみをどのように維持するかは、今後、きわめて重要な政策的課題となる。それゆえ、都市の住まいとまちなみのゆくえを考えるうえで重要なことは、都市に集まって住む人々が、互いに縁やゆかりはなくとも、建物を住み継ぎ、日常生活に根ざした景観を育て続けていくような仕組みを創出することではないだろうか。言い換えれば、血縁による世代間継承ではなく、スクラップ・ビルドでもなく、互いに縁もゆかりもない者同士が、建物を住み継ぎ、日常景観を維持していく可能性が問われているといえるだろう。

この可能性を実現するためには、まず、①減価償却とは異なる「新たな住宅評価方法の構築」が必要となるだろう。具体的には、人々の居住の営みが生み出す建物の佇まいを、ポジティブに評価する仕組みを創出することが求められる。同時に、②住民の「必要」の論理に基づく自生的秩序を守るもの、すなわち「まちなみ維持に関する自発的な取り決め」が必要となるだろう。具体的には、「成城憲章」のような日常景観の維持をサポートする仕組みを創出することが求められる。

「東京に住んでいます」と言われたとき、人は、どのような住まいを想像するだろうか。少子高齢化に伴う社会の構造的な変容のなかで、東京の住まいには、かつてのマイホーム主義とは異なる、新たなあり方が求められている。高度経済成長期以降、東京圏に蓄積されてきた膨大なマイホームのストックを前にして、「持ち家の空き家化→スクラップ・ビルド→まちなみの消失」という、従来のストーリーとは異なるシナリオを描くことができるだろうか。言い換えれば、迫りくる「都市のリズム」に「人のリズム」はどのように抵抗することができるのか。私たちの時代の住まいをめぐる想像力／創造力が、試されている。

注

(1) 山本理奈『マイホーム神話の生成と臨界――住宅社会学の試み』岩波書店、二〇一四年

(2) 東京都の郊外住宅地を対象とした調査で、園田眞理子は、「六十歳以上シニア世帯は約七割であり、そのうち三十年後に居住者がいる割合が仮に三割とすると、転売・転貸がうまくいかない場合、住宅地全体の半分以上が空家・空地になる事態が予想される」と指摘している（園田眞理子「高齢者の転居、死亡・相続と持家の管理・利用 郊外住宅地での応急策と出口戦略」、日本不動産学会出版編集委

員会編「日本不動産学会誌」第二十三巻第四号、日本不動産学会、二〇一〇年、四八ページ)。

(3) 総務省統計局「平成30年住宅・土地統計調査 住宅数概数集計 結果の概要」二―三ページ(〔https://www.stat.go.jp/data/jyutaku/2018/pdf/g_gaiyou.pdf〕［二〇二〇年二月二十日アクセス］)

(4) 国土交通省「住生活基本計画(全国計画)」二〇〇六年九月(〔https://www.mlit.go.jp/kisha/kisha06/07/070915/02.pdf〕［二〇二〇年二月二十日アクセス］)

(5) 東京都都市整備局『東京のマンション2009』住宅政策推進部マンション課、二〇〇九年

(6) 東京都都市整備局住宅政策推進部住宅政策課編『東京都住宅マスタープラン――首都東京にふさわしい高度な防災機能を備えた居住の実現を目指して 2011－2020』東京都都市整備局住宅政策推進部住宅政策課、二〇一二年

(7) 松村秀一「マスハウジング期に建設された集合住宅の再生手法に関する国際比較研究」(「住宅総合研究財団研究年報」第二十三号、住宅総合研究財団、一九九六年、二八九―二九八ページ)、同『団地再生――甦る欧米の集合住宅』(彰国社、二〇〇一年)、小杉学/延藤安弘/小林秀樹/森永良丙「大規模分譲集合住宅団地再生計画における基本構想づくりの研究――西小中台団地における「学習段階」の実践プロセス」(「日本建築学会計画系論文集」二〇〇三年九月号、日本建築学会、三三―四〇ページ)、ヨム・チョルホ/高田光雄「大規模分譲集合住宅の団地再生におけるシナリオ・アプローチを用いた意思決定支援手法に関する研究――兵庫県明舞地域における明舞12団地への適用を通じて」(「日本建築学会計画系論文集」二〇〇六年十月号、日本建築学会、一一九―一二六ページ)参照。

(8) 国立社会保障・人口問題研究所「表Ⅱ―13 都道府県別75歳以上人口と指数(平成27(2015)年=100)」「日本の地域別将来推計人口(平成30(2018)年推計)――平成27(2015)～57(2045)年」二九ページ(〔http://www.ipss.go.jp/pp-shicyoson/j/shicyoson18/1kouhyo/gaiyo.pdf〕［二〇二〇年二

月二十日アクセス]）
（9）国立社会保障・人口問題研究所人口構造研究部「日本の世帯数の将来推計（都道府県別推計）2019（平成31）年推計――2015（平成27）年～2040（平成52）年」六七―六八ページ（[http://www.ipss.go.jp/pp-pjsetai/j/hpjp2019/gaiyo/gaiyo.pdf］［二〇二〇年二月二十日アクセス］）
（10）都市の高齢者住宅をめぐっては、大別して「地域包括ケア」と「地方移住」という二つの政策構想が対立している状況にある。この点について園田眞理子は、二者択一で考えるのではなく、「両立可能性」を模索する必要性について指摘している（園田眞理子「超高齢化に直面する東京圏における住まい方と医療・介護・福祉のあり方」、日本不動産学会出版編集委員会編「日本不動産学会誌」第二十九巻第二号、日本不動産学会、二〇一五年、六八―七二ページ）。
（11）東京都杉並区に立地する阿佐ヶ谷住宅は、テラスハウスと中層住棟（三階建てと四階建ての集合住宅）から構成される団地だった。総戸数は三百五十戸であり、そのうち二百三十二戸がテラスハウス、百十八戸が中層住棟になっている。なお、テラスハウスには二種類あり、前川國男建築設計事務所の設計によるものが百七十四戸、公団本所設計課による設計のものが五十八戸だった（三浦展編著、大月敏雄／志岐祐一／松本真澄著『奇跡の団地 阿佐ヶ谷住宅』王国社、二〇一〇年、一五―二一ページ）。
（12）分譲と同時に入居した人、途中で転居してきた人も含め、阿佐ヶ谷住宅で暮らしている人々へのインタビューについては、石井秀樹「テラスハウスに住む現実」（建築思潮研究所編「住宅建築」一九九六年四月号、建築資料研究社、一八―二五ページ）を参照。
（13）多木浩二『生きられた家――経験と象徴』（岩波現代文庫）、岩波書店、二〇〇一年
（14）現在、住宅の耐用年数は、「木骨モルタル造」のもので二十年、「木造又は合成樹脂造」のもので二

十二年、「鉄骨鉄筋コンクリート造又は鉄筋コンクリート造」のもので四十七年になっている（「別表第一　機械及び装置以外の有形減価償却資産の耐用年数表」「減価償却資産の耐用年数等に関する省令」昭和四十年大蔵省令第十五号〔https://elaws.e-gov.go.jp/search/elawsSearch/elaws_search/lsg0500/detail?lawId=340M50000040015〕［二〇二〇年二月二十日アクセス］）

(15) 大月敏雄『集合住宅の時間』王国社、二〇〇六年

(16) 津端はのちに、阿佐ヶ谷住宅のテーマは「コモン」だったと言及し、次のように述べている。「日本のまちというのは、人が通る街路と、区分された個人の宅地で構成されていて、公共空間としては公園がありますが、管理は自治体などが行いますから、「コモン」という概念は日本の住宅地のなかにはなかったといえるでしょう。だから個人のものでもない、かといってパブリックな場所でもない、得体の知れない緑地のようなものを、市民たちがどのようなかたちで団地の中に共有することになるのか、それがテーマだったんです」（「市民の庭なるコモン――津端修一さんに聞く」、建築思潮研究所編「住宅建築」一九九六年四月号、建築資料研究社、二六ページ）

(17) 松原隆一郎「経済発展と荒廃する景観」、松原隆一郎／荒山正彦／佐藤健二／若林幹夫／安彦一恵『〈景観〉を再考する』（青弓社ライブラリー）所収、青弓社、二〇〇四年、七一―七二ページ。なお松原は、生活圏での「景観」という問題を、戦後日本社会の経済状況というマクロな視点との相関関係においても論じている（松原隆一郎『失われた景観――戦後日本が築いたもの』〔PHP新書〕、PHP研究所、二〇〇二年）。

(18) 「成城憲章」は二〇〇二年十二月十一日に制定され、〇五年の一部改正を経て、一一年には「区民街づくり協定」への登録がおこなわれている。その後、一六年の改正と「区民街づくり協定」への更新登録をおこない、現在に至っている。なお改正と登録更新にあたっては、次のような説明がなされ

ている。「成城のまちは理想的な学園都市をめざして砧村に誕生、まもなく百年をむかえます。先人達の努力で、緑に恵まれた良好な住環境が守られてきました。近年の景観や近隣相互の生活に関わる諸問題には、地区住民の紳士協定「成城憲章」の運用で対処し、一定の効果を得てきたものと自負しております。今般、まち創生当初から成城自治会員として同一の道を歩んできた「砧七・八丁目西側の会員居住地も憲章の対象地域に含める」ことにいたしました」（「改正と登録更新にあたって」「成城憲章」成城自治会、二〇一七年）

(19)「3．生け垣や樹木などの敷地内の緑の保全」（「三、成城での建築や開発に伴って遵守すべき事項」、同資料）参照。なお、本文で引用した「3．生け垣や樹木などの敷地内の緑の保全」の第一項に続けて、第二項では、緑化面積について次のように定めている。「緑化面積については、世田谷区の緑の基準を遵守するとともに、住宅地においては最低でも敷地面積の二〇％以上の緑を確保してください。なお、これらの緑地率の算定にあたっては、地上部での確保を原則として、屋上緑化や壁面緑化は含めないでください」（同資料）。加えて、「7．街並み景観や美観への配慮」の第四項では、次のように定めている。「街路樹景観の保全のために、維持管理上のご協力や車庫出入り口の位置の調整等をお願いします」（同資料）

(20)「一、成城憲章の策定趣旨（前文）」、同資料

(21) 隅切り（角切り）は十字路の四隅にあり、「歩行者の見通しをよくするため、住民同士の当時の申し合わせにより個人が空間を提供しているもの」を指す（成城みどりのスタイルブック制作チーム編「成城みどりのスタイルブック」成城自治会・世田谷トラストまちづくり、二〇一七年、二五ページ）。

(22) 同パンフレット二五ページ

(23) 前掲「一、成城憲章の策定趣旨（前文）」

(24) 同資料
(25) 同資料
(26) 内田隆三は、東京の千住大橋の事例を取り上げ、三百年ほどこの橋が続いてきたことに着目し、この橋の同一性を支える「必要」の論理について言及している。本章で取り上げた「必要」の論理は、左記を参照したものである。「東京の、千住大橋というと、十六世紀の末に作られたものです。木の橋なので壊れたり、流出したりで、その時々の技術力で補修改装を重ねながら、三百年ほど続いていたことになります。しかも八十年くらい前には現在の鉄橋になっています。そういう意味では様子も、長さも、位置にも、切れ目がありますが、変えながらもやっぱり橋の経験は人とつながってきた。その連鎖があることだけは確かだから、そういうものも考えないと、東京というところは普請の速度が速いのでごく薄い記述になってしまう。(略) 習俗はもう少しだらしなくて、千住の木の橋のいいかげんな同一性を支えているのは、坂口安吾の言うような「必要」の論理ですね。これは桂離宮とは違う。いい加減な同一性になるのは、それにかかわる人間が互いにずれながら、その都度の経験で具体的に与えているものだからです」(内田隆三/遠藤知巳「生きられる東京——東京の「現在」における生の様態」「10+1」第三十九号、INAX出版、二〇〇五年、七五ページ)
(27) この点について森反章夫は、景観を計画することは、「コードを計画してしまうことが住空間の領域化を規制し、その自生的秩序をそこなう」ため難しいとしながらも、「コモン領域の空間的設定」の構想は、やはり必要であると指摘している。加えて、都市の余剰空間の膨張——空き家の増加——を考えるとき、そうした余剰空間を「共有化することを可能にする制度的インフラ」を構想することが必要だと述べている(森反章夫「「家族は解体するか」の問いかけの構図」、都市住宅学会編『データで読みとく都市居住の未来』所収、学芸出版社、二〇〇五年、一九ページ)。

山本理奈（やまもと・りな）
成城大学社会イノベーション学部准教授
専攻は社会学、現代社会論
著書に『マイホーム神話の生成と臨界』（岩波書店）、共著に『変わる暮らしと住まいのかたち』（創樹社）、『現代社会と人間への問い』（せりか書房）、『現代の経済思想』（勁草書房）など

［著者略歴］
内田隆三（うちだ・りゅうぞう）
東京大学名誉教授
専攻は現代社会論
著書に『ベースボールの夢』（岩波新書）、『探偵小説の社会学』『ロジャー・アクロイドはなぜ殺される？』（岩波書店）、『乱歩と正史』（講談社）、編著に『現代社会と人間への問い』（せりか書房）など

磯 達雄（いそ・たつお）
フリックスタジオ取締役、桑沢デザイン研究所非常勤講師、武蔵野美術大学非常勤講師
専攻は近現代建築
共著に『プレモダン建築巡礼』『菊竹清訓巡礼』『ポストモダン建築巡礼』『昭和モダン建築巡礼』（いずれも日経BP社）など

高田雅彦（たかだ・まさひこ）
日本映画・東宝映画研究家
長年にわたり日本映画、とりわけ東宝作品の研究と、成城近辺の映画ロケ地探求に取り組む
著書に『成城映画散歩』『三船敏郎、この10本』（ともに白桃書房）、『七人の侍 ロケ地の謎を探る』（アルファベータブックス）など

岩田一正（いわた・かずまさ）
成城大学文芸学部教授
専攻は教育学、日本近現代教育史
著書に『教育メディア空間の言説実践』（世織書房）、共編著に『グローカル時代に見られる地域社会、文化創造の様相』（成城大学グローカル研究センター）、共著に『子どもと教師のためのカリキュラム論』（成文堂）など

北山研二（きたやま・けんじ）
成城大学文芸学部教授
専攻は広域芸術論
著書に *L'art, excès & frontières* (L' Harmattan)、共著に *Les frontières des langues* (L' Harmattan)、『アート・プロデュースの未来』（論創社）、『ブラック・モダニズム』（未知谷）など

［編著者略歴］
新倉貴仁（にいくら・たかひと）
成城大学文芸学部准教授
専攻は文化社会学、メディア論
著書に『「能率」の共同体』（岩波書店）、共著に『文化社会学の条件』（日本図書センター）、『一九六四年東京オリンピックは何を生んだのか』（青弓社）など

山《やま》の手《て》「成城《せいじょう》」の社会史《しゃかいし》　都市・ミドルクラス・文化

発行――2020年3月27日　第1刷
定価――2000円＋税
編著者――新倉貴仁
発行者――矢野恵二
発行所――株式会社青弓社
〒162-0801 東京都新宿区山吹町337
電話 03-3268-0381（代）
http://www.seikyusha.co.jp
印刷所――三松堂
製本所――三松堂

ISBN978-4-7872-3466-7　C0036